グーグル Google

既存のビジネスを破壊する

佐々木俊尚

グーグル Google――既存のビジネスを破壊する◉目次

Googleすべてを発信していく
第四章　メッキ工場が見つけた「ロングテール」

Googleすべてを選別していく
第五章　最大の価値基準となる「アテンション」

まえがき

「グーグルって名前をよく聞くけれど、何の会社なんだろう？」

と思っている人は少なくないだろう。

もう少しインターネットに慣れている人であれば、

「検索エンジンを提供している会社だ」

ということはご存じであると思う。

しかしグーグルは実のところ、単なる検索エンジンの会社ではなくなりつつある。

現在のグーグルは、検索エンジンを軸にして新たなインターネットのパワーを生み出し、そのパワーをテコにしてありとあらゆる業界へと進出を図ろうとしている巨大企業なのである。

もともとグーグルは、一九九八年に米スタンフォード大の大学院生だった二人の若者が設立した、小さなベンチャー企業だった。しかし彼らが持っていた新しい検索エンジンのテクノロジーは素晴らしく、瞬く間に業界標準の地位を得るようになっていった。ヤフーやAOL（アメリカオンライン）など、有名ホームページにその検索技術が採用されたことも、躍進のきっかけとなった。

グーグルは二〇〇四年夏に新規株式公開（IPO）し、その時点ですでに約五百億円の資産を有し、年間千五百億円を売り上げる巨大企業になっていた。それからわずか一年半足らず後の二〇〇五年末には、売り上げは四半期だけでも千八百億円に達した。

二〇〇六年一月には株式時価総額が十五兆六千億円に達し、半導体大手のインテルを抜いて米ハイテク業界で二位に浮上した。一位はもちろんマイクロソフトで、時価総額は三十三兆円を超えている。まだグーグルの二倍もあるが、「いずれはグーグルが抜くのでは」という声が業界では少なくない。

そしてこの間、増資などを積極的に行い、グーグルの手持ち資金は何と九千億円にも達している。

この巨大な資金を使って、グーグルは何をしようとしているのか。

答を先に言ってしまえば、グーグルの狙っているのは、われわれが想像もしていなかった新たなインターネット社会である。その新しいインターネットのあり方は、古いリアルな世界の根幹までをも、ひっくり返しかねない。

たとえば――。

グーグルは新聞社や通信企業、マイクロソフトなどさまざまな巨大企業のビジネスを破壊しようとしている。それに対して企業の側は激しく抵抗を続けているが、防戦一方のその抵抗はいつまで続くかわからない。

グーグルは、地方の零細企業を再生し、彼らに新たな顧客と以前の数倍にも及ぶ売上高を与えようとしている。グーグルによって地方と中央はお互いに坩堝《るつぼ》の中でかき混ぜられ、あらたな産業構成が生まれはじめている。

グーグルは、全世界のすべての人たちの生活に入り込み、われわれの生活に対してある種のコントロールを行おうとしている。それはひょっとしたら、あらたな監視システムの幕開けとなるかもしれない。

なぜグーグルがそれほどのパワーを持ち、そしてどのような影響を社会に与えようとしているのか。

その命題が、この本で描こうとしている大きなテーマである。

Google

CHAPTER 1

すべてを破壊していく

検索

〈インターネットの真の遺産は、何千という新しいオンライン企業を生み出したことではなく、既存のビジネスを変換したことである。その変換の兆しは、家族経営の小さな店から巨大な多国籍企業まであらゆるレベルで見ることができる〉

『新ネットワーク思考――世界のしくみを読み解く』(アルバート＝ラズロ・バラバシ著、青木薫訳　NHK出版　2002年)

第一章　世界を震撼させた「破壊戦略」

まずはグーグルの「破壊」から話を始めよう。

グーグルはこの数年、ありとあらゆる局面で「破壊戦略」をスタートさせている。まず例に挙げるのは、二〇〇二年にグーグルが開始した「グーグルニュース」というインターネットサービスだ。

このグーグルニュースは、世界のメディア業界を震撼させ続けている。なぜならこの新サービスは、新聞やテレビ、通信社などがネット上で展開しているさまざまなビジネスを、崩壊させかねない可能性をはらんでいるからだ。

グーグルニュースというのは、世界中の数千ものニュース媒体からさまざまな記事を集めてきて、一括表示してくれるサービスだ。日本語版もあり、国内の新聞社など六百あまりのニュースホームページから記事を収集している。集められた記事はトップニュースや

グーグルニュースの表示例（画面1-1）

Google
ニュース 日本版 BETA
ウェブ イメージ ニュース グループ ディレクトリ more »
ニュース検索
610以上のサイトからの最新ニュースを収集・検索
トップニュース
社会
国際
経済
政治
スポーツ
文化・芸能
科学・技術
Google ニュースをホームページに
ニュース アラート
ヘルプ・ご意見
トップニュース 日本 (Japan) Go
皇室典範改正案の今国会提出、外相らが慎重対応求める
日本経済新聞 - 1時間前
政府・与党内で皇室典範改正案の今国会提出への慎重論が広がってきた。女系天皇を認めることなどについて与党内に否定的な意見があるためで、3 ...
今国会での皇室典範改正に慎重意見…麻生、谷垣氏ら 読売新聞
麻生、谷垣氏ら、皇室典範改正に閣僚から慎重論 朝日新聞
産経新聞 - 東京新聞 - 四国新聞 - 関連記事 94 件 »
LD堀江前社長らを再逮捕へ
デイリースポーツ - 1時間前
ライブドアグループの証券取引法違反事件で、東京地検特捜部は3日、同社2004年9月期決算などを粉飾したとして、同法違反（有価証券報告書の虚偽記載）の疑いで、前社長堀江貴文容疑者 ...
特別利益計上も粉飾 ライブドア還流株売却益 北海道新聞
粉飾連結で数十億円 ライブドア 読売新聞
関連記事 23 件 »
「松坂屋
中日新聞
特別交付
村に
産経新聞
開幕4番
野手 34
読売新聞
侍キムタ
日刊スポ
キリンビバ
ンダグッズ
CNET Jap
社会 » 編集
東武踏切事故の元保安係に実刑
スポーツニッポン - 2時間前
東京都足立区の東武伊勢崎線竹ノ塚駅踏切で昨年3月、女性4人が電車にはねられ死傷した事故で、業務上過失致死傷罪に問われた元踏切保安係小松完治被告（53）に東京地裁 ...
東武線踏切事故で元保安係に実刑 東京地裁判決 朝日新聞
東武踏切事故、元保安係の被告に禁固1年6月の実刑 日本経済新聞
TBS - 徳島新聞 - 関連記事 35 件 »
国際 »
フセイン裁判、全被告欠席で
日本経済新聞 - 15時間前
... カイロ2日共同】戦争犯罪に問
日、バグダッドの高等法廷で前日
が不在のまま証人尋問が行われた
フセイン元大統領の出廷拒否と弁
フセインら裁判をボイコット、被告ネ
河北新報 (会員登録) - 日本経

社会、国際、経済、政治、文化・芸能などのカテゴリーに分けられ、グーグルニュースのホームページにまとめて表示される（画面1―1）。

この表示方法は非常にうまくできていて、同じ出来事を扱った記事については、代表的なメディアのものだけがカテゴリーのトップに表示され、他媒体の同内容の記事は「関連記事○○件」という形で別ページに一覧表示される仕組みになっている。

それぞれの記事に表示され

るのは、見出しに加えてそれがどの媒体から持ってきた記事なのか、そして冒頭部分の文章の一部。もとの記事の写真が、画面に一緒に表示されることもある。もちろん各新聞社のホームページから、記事を勝手にコピーしてきているわけではない。それでは著作権侵害になってしまうからだ。そうではなく、新聞社の記事の見出しだけをコピーしてきてグーグルニュースに掲載し、その見出しを利用者がクリックすると、もとの新聞社のホームページに自動的に飛ぶような仕掛けになっているのである。

サイトは十数分ごとに更新され続け、目の前で世界が激動し、さまざまなニュースが次々と洪水のように報じられていくのを実感できるというわけだ。おまけに過去記事も三十日分が保存されており、キーワード検索できる機能もついている。

特定の出来事に対して、さまざまな新聞のニュースをすぐに読むことができるのである。たとえばアメリカ連邦準備制度理事会（FRB）で、十八年間議長を務めたアラン・グリーンスパン氏の後任として、ベン・バーナンキ氏が就任したという記事を読もうとした場合、「お気に入り」に登録してあるワシントンポスト紙やニューヨークタイムズ紙、CNNなどのサイトを何度も開き、わざわざ記事を探し直す必要はない。グーグルニュースのトップニュース、あるいは「米国」のカテゴリーで記事を探し、「関連記事」のページを開くだけで、各媒体の記事を拾い読みできてしまう。

情報リテラシーの観点

それだけではない。このグーグルニュースが登場してきたことで、人々がニュースを読むスタイルは明らかに変わってきた。

たとえばイラクのバグダッドのイラク高等法廷で、フセイン元大統領が裁判長の姿勢に反発し、公判をボイコットしたというニュースがあったとする。そのニュースは日本ではニュートラルに報道されているが、アメリカでは「フセインは無謀にも公判引き延ばしを策略している」と報じられているかもしれない。しかし中東の新聞であったら、「バグダッド高等法廷は本当にフセイン元大統領をさばく権利があるのか」と、その裁判の正当性について論じているかもしれない。ひとつの出来事を報じるスタンスは国によってさまざまだし、新聞社やテレビ局、通信社の立場によってもずいぶんと異なる。

これまでアメリカの国内に住んでいれば、どうしてもアメリカ政府のスタンスに依拠した報道を読まざるを得なかったし、中東に住んでいる人たちは、反米的な記事に触れる機会が圧倒的に多かった。これはごく当たり前のことなのだけれども、人々は「いま自分が住んでいる場所」という枠組みの中に知らず知らずのうちに囚われてしまっていて、自分の意見そのものも、自分の居住地やその場所のメディアのスタンスに左右されていることを忘れてしまうのだ。

しかしグーグルニュースによって、読める記事はグローバルに広がった。世界各国の記事が集められているから、日ごろはまったく目に触れる機会のないイスラエルやアラブ諸国などの新聞で、そのニュースがどう扱われているかを知ることもできる。これは多様な価値観を知るという意味では、グーグルニュースの非常に重要なメリットだ。

だからこれは情報リテラシーの観点から言っても、画期的なサービスだった。

情報リテラシーというのは、マスメディアやインターネットなどさまざまなところから入ってくる膨大な数の情報の中から、自分の必要なものを探しだし、それが真実かどうかもきちんと見極める力のことだ。

従来のマスコミは、単一の価値観を人々に押しつけることによって、逆に人々から情報リテラシーの能力を奪い取っていた面もあった。それに対してグーグルニュースは、人々に情報リテラシーの力を取り戻させ、マスコミの情報に対してどのように接するのかという「立ち位置」を再認識させるきっかけにもなったのである。

このグーグルニュースに対して、マスコミ業界人やジャーナリストからはかなり反発の声も上がった。

特に多かったのは、

「グーグルニュースは新聞社独自の編集方針を無視している」

という批判だった。

マスコミはどこも、それぞれの編集方針を持っている。どのニュースをトップにして、どのニュースをボツにするか。そうした編集方針も、各社の独自性のひとつとなっている。

二〇〇二年にワシントンポスト紙のハワード・カーツ記者は、コラムの中でこんな風に書いた。

〈われわれがあるメディアの記事を読むとき、それは個別の記事をただ読んでいるだけではない。そのメディアが編集方針としてどの記事をトップにし、どんな記事を重要視しているかというその社の判断基準も受け入れているのだ。そうした判断基準を信用するというのは、われわれがどのメディアを選択し、どのメディアを選択しないかという動機のひとつになっている。しかしグーグルニュースは判断基準をコンピュータの計算式に頼っていて、われわれにどのような記事を読むべきかという考え方を提示してはくれないのだ〉

そしてカーツ記者は、グーグルニュースをこう切って捨てた。

〈もし間違った記事を書いた場合、責任を問われなければならないのはワシントンポストやCBSやCNNであって、グーグルではない。グーグルは何の編集方針もなしに記事を運ぶ、ただのベルトコンベアーに過ぎない〉

アルゴリズムは企業秘密

グーグルニュースがマスコミ業界人たちに批判された背景には、カーツ記者も言っているように、それが人間の手ではなく、コンピュータのプログラムによって自動的に作られているサービスであるということもあった。

グーグルは、「グーグルボット」という名前をつけられているロボットのような自動巡回プログラムを、インターネットの海に放つ。そしてこのグーグルボットが、世界中に散らばっている新聞社やテレビ局のホームページから、記事を集めてくる。

ここまでなら、普通の検索エンジンがやっていることとあまり変わりはない。グーグルが凄いのは、これら集めてきた記事が、どの程度信用できるのかということについて一種の「格付け」のようなことをしていることだった。その格付けを支える計算式（アルゴリズム）は企業秘密であるとして公開されていないけれども、技術の一端は少しずつ明らかになってきている。

その技術の手法は「トラストサーチ（信頼検索）」と呼ばれていて、記事の内容の充実度や、その記事を提供しているマスコミがどの程度の陣容で取材をしているか、またその記事が掲示されているホームページにどの程度の人気があるのかといったことを数値化し、信頼度の計測に使っているらしい。グーグルはこのトラストサーチに使われているさまざまな技術を、各国に特許申請している。グーグルとしてもかなり自信を持っている独自テクノロジーなのだ。

それにしても驚くべきは、グーグルニュースのホームページがすべて自動的に作られているということだ。収集した記事のカテゴリー分けだけでなく、どのような記事をサイトのトップストーリーにするか。記事のどの部分をどう表示するか。そしてどの記事を紹介すべきか——そういったことまでが、すべてトラストサーチにもとづいた計算式によって処理されているのである。

当たり前だが、ふつうの新聞やテレビ、あるいはホームページでも、人間の編集者が「今日はこのニュースをトップにしよう」「このネタはボツだ」といった形で編集作業を行っている。このいくぶん感覚的な作業を、グーグルはコンピュータのソフトウェアで置き換えてしまったのである。

実際、グーグルニュースのトップページを見てみればわかるけれども、デザインも含め、これが人間の手を経由していないとはとうてい信じられない。これも二〇〇二年当時の記事だが、アメリカのオンラインマガジン『スレート』は、こんな風に書いた。

〈グーグルはニュース速報のメディアとしてすぐに普及するだろう。人間が編集したニュースサイトでは、グーグルのロボット編集には絶対に勝てない〉

実際、この記事が予測したように、スタートから四年を経たグーグルニュースはジャーナリズムの世界の中でも少しずつ存在感を高めてきている。

このときの『スレート』の記事は、こうも予測した。

〈ニュース速報は今後、インターネットの中で日用品になってしまい、グーグルニュースのような自動処理されたメディアになっていくのかもしれない。おそらくニュースという存在自体が、日用品化したニュース速報と、より掘り下げた深い記事とに二極化していくのではないか〉

先に、グーグルニュースに対してはマスコミからかなり反発の声があったと書いた。

実際には、グーグルニュースに対する見方は、同じマスコミでも二つに分かれていた。

有名な大手新聞社やテレビ局と、地方の小さな新聞社などではグーグルニュースに対する評価がまっぷたつに分かれたのである。

「編集権が犯される」

どうしてこのような違いが出てきたのだろう？

最もグーグルニュースに批判的だったのは、自社の記事を勝手に使われた大手新聞社やテレビ局、通信社などだった。なぜなら彼らにとっては、「編集権が犯される」という問題と同時に、もうひとつの重要な問題があったからだ。

それは、グーグルニュースが普及してしまえば、

「各新聞社のホームページの収益が上がらなくなってしまう」

ということだ。もちろん、グーグルは見出しの「リンク」をグーグルニュースに表示しているだけで、記事本文を勝手にコピーしているわけではない。グーグルニュースに出ている記事の見出しをクリックすれば、もともとの記事本文のページに飛ぶのだから、新聞

社のアクセス数が減るわけではない。

では何が問題なのだろう？

多くの新聞社では、記事は無料で読めるようになっている。過去記事データベースを有料会員制にしているケースは少なくないが、少なくともその日の最新の記事については無料で提供している新聞社がほとんどだ。新聞社は記事を無料で提供するかわりに、「バナー広告」で利益を上げている。バナーというのは「横断幕」の意味で、ホームページの上部などに横に長く表示されているインターネット広告のことだ。

そしてこのバナー広告はたいてい、トップページが最も高い広告料金になっている。だからホームページを開設している新聞社はどこも、なるべく利用者が最初にトップページを見てくれるように努力しているし、個人のブログやホームページが新聞社のホームページにリンクを張る際も、個別の記事にリンクを張ることを禁じている。

たとえば日本経済新聞社のホームページ「ＮＩＫＫＥＩ　ＮＥＴ」には、「リンクポリシー」という項目があって、こんなふうに書かれている。

〈ＮＩＫＫＥＩ　ＮＥＴなど日本経済新聞社が作成するホームページのフロントページや

各コーナー、特集のトップページなどへのリンクは原則として自由ですが、リンクを張った場合は、リンク先のページとURL、リンク元のホームページの内容とURL、リンクの目的などを記載してお問い合わせページでご連絡ください。リンクの仕方やページの内容によっては、お断りする場合があります。リンクをお断りするのは次の場合です。

(1) 営利目的や勧誘を目的とするなど、NIKKEI NETの趣旨に合わないホームページからのリンク
(2) NIKKEI NETのコンテンツがリンク元のホームページの一部に見えるような形のリンク（略）
(3) 個別記事へのリンク〉

個別記事へのリンクを拒否しているのだ。

しかし少し余談になるけれども、リンクというのは本来、インターネットの上では自由に行われるのが昔から認められていて、お互いに自由にリンクするという行為自体がインターネットの文化の本質になっている。それを一企業の勝手な論理で「個別記事へのリン

クは禁止します」と独自のルールを設けるのは、あまりにもネットのルールを無視しており、独善的に過ぎるのではないか——そんな批判は根強い。

「ネット上の自殺行為」

ルール無視の問題はともかくとして、新聞社が個別記事へのリンクを拒否しているのは、それが現実としてホームページの収益を損ないかねないからだ。ところがグーグルは自由に（そして勝手に）個別記事にリンクし、新聞社が「個別記事にリンクするな」と文句を言っても、まったく意に介していない。強い反発が起きたのも、当然だった。

この反発は、特に日本で大きかった。二〇〇四年九月にグーグルニュース日本語版がスタートした時、読売新聞や毎日新聞、産経新聞などの大手紙はグーグルニュースに自社の記事の見出しを掲載することを拒否したのである。このためグーグルニュース日本語版は、大手紙では朝日新聞や日本経済新聞などの記事が読めるだけで、あとは地方紙の記事ばかりになってしまったのである。そしてたいていの地方紙は政治や経済など中央のニュースを共同通信や時事通信から配信を受けてホームページに掲載しているから、グーグルニュースに出てくるのはどれも共同や時事の同じ内容の記事ばかり——というかなり悲惨なスタートになってしまったのだ。

この対応は、海外のメディアにとっても驚きだったようだ。時事通信編集委員の湯川鶴章氏は当時、自身のブログで海外の反応をこう紹介している。

〈米ポインター・インスティチュートが、日本でのグーグルニュースに対する報道機関の対応に関する記事を掲載している。

ポインターのことはよく知らない（ご存知の方、おしえてください）のだが、ウェブサイトによると私設のジャーナリスト養成・研修機関だということ。

問題の記事は「Is Yomiuri Shooting Itself in the Foot to Protect Headlines?」。相手を撃つつもりが、誤って自分の足を撃ったのではないか、つまりグーグルニュースを拒否するのは愚策ではなかろうか、という意味なのだろう。

この記事の大半は日本新聞協会の英文ニュースからの引用。最後の段落に著者Amy Gahranさんの意見が書かれている。

「興味深いケースだ。グーグルが日本でどれだけ人気があるのかはしらない。（中略）米国のマスコミでは、グーグルニュースを拒否するということはネット上での自殺行為を意味する。今回の問題は、著作権保護の問題とオンラインメディアの現実とが衝突する典型的なケースの1つといえる。読売の重役が今後、方針を転換するかどうか、興味深いところだ。方針転換するかどうかは、グーグルニュースが日本でどれだけ人気が出るかにかかってくるのだろうと思う」〉（ネットは新聞を殺すのかｂｌｏｇ「読売新聞、足を撃つ?」二〇〇四年九月十六日）

湯川氏が紹介している記事の中で、「グーグルニュースを拒否するということはネット上での自殺行為を意味する」という文章があることに注目してほしい。いまやグーグルはインターネットのすべてを覆うインフラ（社会的基盤）のようなもので、グーグルの外側に出てしまうと、インターネット上で存在しないのも同じになってしまうということなのだ。

実のところ、これはとても重要な意味を含んでいる。しかしこの問題については、ちょっと措いておこう。第六章で再び詳しく考えてみたい。

話を戻す。

読売新聞などの各紙は、グーグルニュースに対して日本上陸前からかなり警戒していた。

背景には日本のメディアが著作権保護を大切にしすぎる部分もあったと思われる。

読売新聞の提訴理由

それを裏付ける事件が、二〇〇二年十二月に起きている。

読売新聞東京本社が、「ライントピックス」というインターネットのサービスを提供していた神戸市のベンチャー企業「デジタルアライアンス」社（以下、ＤＡ社）を著作権侵害で提訴したのだ。グーグルニュースのサービスがアメリカで開始された三か月後のことだった。

ライントピックスの表示例（画面1-2）

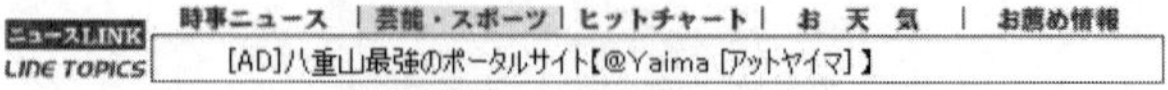

(LINE TOPICS_EX : 最初の記事を芸能・スポーツに設定)

ライントピックスというのは、バナー広告のような帯状の形状の電光掲示板をホームページの中に置き、電光掲示板にニュース速報の見出しを次々と流すというサービスだ（画面1-2）。ニュース速報はＤＡ社が独自に用意しているわけではなく、読売新聞や毎日新聞、産経新聞などが記事を配信している「ヤフーニュース」から見出しを借りてきていただけだった。つまりライントピックスのニュース速報の見出しをクリックすると、ヤフーのホームページに飛び、そこでニュースの全文を読める仕組みになっていたのである。

ホームページに設置するのが無料ということもあって、個人のホームページを中心に人気は高かった。ライントピックスを貼り付けているホームページは、個人と企業を合わせて二万ページ以上にもなっていたほどだ。そしてDA社は、見出しとともに表示される広告を販売し、それによって売り上げを得ていた。

提訴した読売新聞の主張は、次のようなものだった。

「読売新聞はヤフーニュースに記事を有償で提供している。そして見出しは、新聞社がニュースのうちもっとも伝えたい要素を一目でわかるように表現した著作物である。だとするとDA社が行っている見出しの引用は、明らかに正当な引用範囲を超えた著作権侵害だ」

一方、DA社の方は、当時取材した筆者にこう説明していた。

――そもそもわれわれがヤフーの見出しを使おうと考えたのは、ヤフーニュースを提供するヤフージャパンが、「リンク自由」とうたっていたからだ。おまけにライントピックスをスタートさせるとき、ヤフーニュースの担当者に「見出しの使い方やリンクの方法はどのようにすればいいのでしょうか」という問い合わせをしている。それに対して担当者の答は「見出しは改変せず、そのまま使うのがベストです」というものだった。

「最初から万全の態勢を取り、ヤフーにも連絡して慎重に対処してきた」というのである。ところが途中からヤフーの対応が豹変し、「ライントピックスは、コンテンツの商用目的での利用を禁じたヤフーの利用規約に反している」という内容証明郵便を送付してくる事態となった。しかしDA社側が「ではどうリンクを張ればいいのか」とメールで問い返しても、回答はなかったという。そして一年半後になって、読売新聞が何の予告もなく、突如としてDA社を提訴するに至ったというのである。

象が蟻を踏みつける

ヤフージャパン広報部は当時、「内容証明を送付した際、原著作者である読売新聞東京本社にも連絡してあります」と取材に回答していた。読売新聞の提訴の際、ヤフーとの間でどんな調整があったのかは結局、明らかにされないままだった。

それにしても――。

DA社というのは、二〇〇〇年に設立されたばかりの小さな有限会社である。社員は十人に満たないし、ライントピックスのサービスも順調に利用者が増えていたとはいえ、社会に与える影響はごくわずかなものだった。天下の大読売が提訴するというのは、まるで象が蟻を踏みつけようとするようなものだ。いったいなぜわざわざ提訴に踏み切ったのだろうか。

当時筆者が取材した読売新聞の関係者は、実は次のように打ち明けていた。

「提訴は、グーグルニュースへの牽制が本当の狙いだった。グーグルニュースが近々日本に上陸してくるという噂も流れており、そうなったら各社はたいへんな打撃を受ける。まずはDA社との裁判に勝つことで判例を作りたいと考えた」

読売新聞はまずDA社との裁判で、「見出しには著作権がある」という判例を作り、そしてグーグルニュースが上陸してきたら、その判例をたてに自社記事の見出しを使わせないようにする――そういう戦術を立てていたというのである。

グーグルニュースは提訴の一年半あまり後、二〇〇四年九月に日本語版がスタートした。提供が英語版より二年も遅れたのは、読売新聞のDA社の提訴があったためだと言われている。

裁判はこの間、二〇〇四年三月に東京地裁の一審判決が出て、「見出しは記事ではない」と認定された。読売新聞の敗訴だったのである。グーグルニュース日本語版のサービス開始はこの敗訴のちょうど半年後。タイミングを計っていたとしか思えないスケジュールだった。

そして読売新聞は予想通り、グーグルニュース日本語版への記事の提供を拒否した。毎日新聞や産経新聞も追随し、先にも書いたようにグーグルニュースは片肺飛行を余儀なくされることになったのである。

知財高裁での勝訴

ところが話はこれで終わりにはならなかった。読売新聞をはじめとする「反グーグルニュース」陣営はその後、徐々にグーグルニュースの軍門に下り、記事を提供するようになったのである。それまで拒否していた全国紙三紙が記事を提供するようになるまで、わずか三か月しかかからなかった。日本ではグーグルの力はまだ比較的弱く、読売新聞や毎日新聞などから有償で記事提供を受けているヤフーニュースの方が、圧倒的なアクセス数をたたき出している。いまもその状況はあまり変わらず、日本国内でのグーグルニュースの存在感は比較的低いままだが、それでも大手新聞社各紙は、グーグルに協力する道を選んだ。

事情を知る毎日新聞の関係者は、

「グーグル側から記事見出しへの著作権料支払いの申し出があり、その結果として記事を提供するようになった。それで申し訳が立ったようなかたちだが、現実的にはグーグルニュースというメディアのパワーを知り、無視するわけにはいかなくなったというのが正しい。全国紙の幹部の間でも、グーグルをはじめとするインターネット勢力の重要性に対する認識がようやく広がってきたということだったのだろう」

と述懐している。

読売新聞はDA社との裁判をその後も続け、二〇〇五年十月には知財高裁で勝訴している。知財高裁は「記事の見出しには著作権はないが、DA社は不法行為で利益を得ている」として二十三万円あまりの損害賠償支払いを命じたのである。しかしこの判決を背景に、読売新聞がグーグルに対してあらたな強い姿勢に出たという話は今のところない。結局のところ読売新聞も、インターネットの持つパワーを受け入れざるをえなかったということなのだろうか。

一方、地方紙やローカルテレビ局などの間では、グーグルニュースに対して最初からかなり違う評価を持っていた。グーグルニュースによってホームページへのアクセス数が増え、世間での認知度が高まるという相乗効果が期待できたからだ。

グーグルニュース日本語版の使われ方を見ても、それは明らかだ。通常、東京に住んでいるインターネット利用者であれば、新聞の記事をネットで読む際には従来は朝日新聞や読売新聞、毎日新聞などのホームページを見るだけだった。岐阜新聞や秋田魁新報、琉球新報などの地方紙のホームページは、ほとんど念頭にないと言ってよかった。

「情報のハブ」が変動

ところがグーグルニュースには、こうした地方紙の記事の見出しが大量に表示されている。これによって東京の読者は、地方紙にも興味深いニュースがたくさんあり、独自の論調の記事も掲載されていたことを初めて知ったのである。

これはグーグルニュース英語版に関しても、同じことが言えた。

アメリカやイギリスを中心とした英語圏の読者は、アメリカやイギリスの著名な新聞社、通信社のニュースページしか読んでいない。だが世界に目を転じてみれば、中東から北欧、アフリカ、アジア、南米までいたるところに英字紙は存在し、それらのホームページは英語で記事を提供しているのである。そうした記事には英米の考え方とは違う論理、違う哲学がある。しかしこれまではそうした新聞社はどこまでもマイナーであり、イギリスやアメリカの読者の目に触れる機会は、とても少なかったのだ。

しかしそうした辺境の新聞社の記事も、いまやグーグルニュースによって全世界の読者に読んでもらうことができるようになった。何十万、何百万も読者がいるような強力な媒体を持っていなくても、グーグルニュースに乗っかっているだけで、多くの読者を得ることができるようになったのである。

これは大きな転換だった。辺境のマイナー新聞にとってはポジティブな転換であるし、逆に今まで世界の中央にいたはずの大手紙にとっては、ネガティブな転換となる。

それはつまり、

「情報のハブ（中心地）」

が轟々と音を立て、別の場所へと軸を移していくという意味である。情報のハブを握っているのはこれまでは、アメリカの三大テレビネットワークやCNN、ワシントンポスト紙、ニューヨークタイムズ紙といった一部の大手マスコミだった。マスコミの側は自由に情報を動かし、自在にマスコミが作り上げる空間を演出していた。

ところがグーグルニュースが発達していけば、今後そのハブを握るのはグーグルとなる。グーグルの計算式（アルゴリズム）が情報のハブとなり、情報の空間を支配する司祭となっていくのである。

これは大きな変革ではないか。

新聞業界団体の異議

これに対してマスコミの側からの抵抗も強まっている。二〇〇五年には、フランス系大手通信社のAFPが、「グーグルニュースがAFPの写真、ニュースの見出し、記事を許可なく掲載している」とアメリカの裁判所に提訴した。

また二〇〇六年に入ってからは、各国の新聞業界団体が加盟する世界新聞協会（WAN）が、「検索エンジンが著作権料を支払わずに、勝手にコンテンツを利用している」と異議を唱え始めた。WANの幹部はロイター通信の記事で、「検索エンジンはコンテンツへの対価を払うことなく、われわれの業界をもとに新たなメディアを構築している」とコメントしている。

新聞は長く、販売収入と紙面広告の収入で生計を立ててきた。ところが広告の中心はいまや新聞や雑誌からインターネットへと雪崩を打って移行し始めており、従来のような新聞広告は徐々に儲からなくなってきている。そこでどの新聞社もインターネットに進出し、ネット上で利益を上げようとしている。だが本来自分たちが享受すべき収益をグーグルに奪われてしまい、利益が上げられなくなっている――新聞社のグーグルへの反発というのは、つまるところそういうことだ。

「破壊戦略」本当の意味

しかしここまで読んで気づかれた方も多いと思うが、実はグーグルはグーグルニュースではいっさい利益を出していない。グーグルニュースのホームページには、バナー広告さえ表示されていないのだ。

ではグーグルはいったいどのようにして利益を出しているのだろうか？

グーグルはグーグルニュースで利益を得ていないとしたら、いったい何のためにこんなサービスをやっているのだろうか？

なぜグーグルは既存のマスコミ業界の枠組みを、わざわざ「破壊」してしまおうとしているのだろうか？　その「破壊戦略」には何の意味があるのだろうか？

考えれば考えるほど、グーグルの行動は謎めいている。そもそもグーグルは、いったい何を目指しているのだろうか。

それらの答については、次章以降でじっくりと解き明かしていきたい。

その前に、グーグルの「破壊戦略」をもういくつか見てみよう。

グーグルは二〇〇五年十月、アメリカのサン・マイクロシステムズというソフト開発企業と提携した。そしてこのニュースは衝撃と驚愕を持ってIT業界を席巻し、多くの業界人たちはこれからやってくるであろうグーグルの「破壊」に震え上がったのである。

なぜこの提携が、それほどまでに衝撃を与えたのだろうか。

それはグーグルが、マイクロソフトのオフィスソフトに匹敵するようなソフトを無料で提供するようになるのではないか——そんな観測が飛び交ったからだった。

オフィスソフトというのは、ワープロや表計算、電子メール、スケジュール管理など、ごく一般的に仕事で使われる応用ソフトがひとまとめにしてセット販売されている製品のことである。

少し歴史を振り返ってみよう。かつてはこの分野にも、さまざまな製品があった。一九八〇年代ごろまで遡ってみると、日本で人気が高かったのはジャストシステムが販売しているワープロソフトの「一太郎」や管理工学研究所の「松」。表計算ソフトでは「ロータス123」や「ビジカルク」などに人気があった。ところが九〇年代半ばごろから、そうしたソフトは徐々に駆逐されていく。代わって市場を制覇していったのは、ワープロソフト「ワード」や表計算の「エクセル」、スケジュール管理・電子メールの「アウトルック」などといったマイクロソフト社の一連の製品だった。後にソフトが統合され、「マイクロソフト・オフィス」シリーズという名称で呼ばれるようになるこれらの製品は九〇年代末ごろまでに、気がつけば世界標準の座を得るようになっていたのである。

マイクロソフトの覇権

背景には、マイクロソフトがOS（基本ソフト）の「ウィンドウズ」を握っていたことがある。八〇年代末ごろはまだOSの種類も豊富で、アップルコンピュータの「MacOS」やIBMの「OS／2」など、さまざまな個人向けOSが存在していた。だが一九九五年にマイクロソフトの「ウィンドウズ95」が発売されると、完成度の高さもあって瞬く間に市場を制覇し、九〇パーセント以上の市場シェアを奪うようになったのである。

パソコンは、ＯＳがなければ動かない。最も大事な基盤であるＯＳを押さえたのだから、マイクロソフトのアドバンテージはきわめて大きかった。

ワープロや表計算などのソフトはＯＳの上で動くから、プログラムがＯＳとうまく連携することが求められる。通常はＯＳの側が「ＡＰＩ（アプリケーション・プログラム・インターフェイス）」という規約を提供していて、この規約に沿って動くようにオフィスソフトの開発は行われる。

ところがマイクロソフトはすべてのＡＰＩを公開せず、こっそり一部の規約だけは隠していたとされている。そして自社の「ワード」や「エクセル」はこの隠し規約をうまく利用して作られ、この結果、他のメーカーが作ったソフトよりも高性能にすることが可能になり、優位に立つことができたといわれている。「ワードやエクセルは使いやすい」という評判へとつながり、市場を制覇することができたのだ。

マイクロソフトは自社でウィンドウズというＯＳを持っているというアドバンテージを、ありとあらゆる場面で活用した。

一九九〇年代半ばになってインターネットの波がやってくると、今度は「ウェブブラウザ」というソフトが大流行した。ホームページを閲覧するソフトである。最初はシリコンバレーの若いベンチャー企業が作った「ネットスケープ・ナビゲータ」というソフトが九〇パーセント以上のシェアを持っていたが、マイクロソフトのビル・ゲイツ会長は、「このままではインターネット時代に乗り遅れる」と危機感を抱き、自社でも「インターネット・エクスプローラ（ＩＥ）」というウェブブラウザソフトを開発した。そしてこのＩＥを普及させるため、ウィンドウズに無料でおまけとして抱き合わせてしまったのである。

予想もしなかった波

ウィンドウズを買えば最初からウェブブラウザソフトがついてくるのだから、わざわざネットスケープ・ナビゲータを外部から入手して使う人は少なくなる。こうしてマイクロソフトはネットスケープ社をたたきつぶし、追い払ってしまったのだった。

この件は一九九七年になって、独占禁止法に違反するとされてアメリカの司法省から提訴されている。一審のワシントン連邦地裁は二〇〇〇年に「マイクロソフトは市場を独占し、その力を悪用して競合製品を売らせないよう圧力をかけた」と認定し、マイクロソフトの敗訴となった。しかし同社は控訴し、その後司法省との間で和解に至っている。

こうしてマイクロソフトは、パソコンソフトの王者となった。世界中のパソコンユーザーのほとんどが、ウィンドウズが搭載されているパソコンを使い、「ワード」や「エクセル」などのオフィスソフトで仕事をし、「インターネット・エクスプローラ」でホームページを閲覧し、「アウトルック」で電子メールを読み書きするようになった。マイクロソフトの製品が存在しないパソコンなど、想像もできないというような状態になってしまったのである。

この状況は、永遠に続くかのように思われた。

ところが二〇〇五年ごろになると、予想もしなかった波がやってきた。

「Ａｊａｘ（エイジャックス）」

という技術が現れたのである。

これはインターネット・エクスプローラなどのウェブブラウザ上で、さまざまなサービスをまるでパソコンソフトのように動作させることができる革新的なイノベーションだった。

少しわかりにくいと思うが、具体例を見ればすぐに理解できるはずだ。

このＡｊａｘを使ったサービスで、最初に人々を驚かせたのは、グーグルの「グーグルマップ」というサービスだった（次頁画面１－３）。ウェブブラウザ上で地図を表示してくれるサービスである。

従来も、ブラウザから見られる地図のホームページはあった。しかしこうした従来型の地図サービスは、いま表示している場所から別の場所の地図に移動しようとすると、いちいち画面を全部描き直して表示させる必要があった。ひとことで言えば、とても使いにくかったのである。

グーグルマップの驚異

ところがＡｊａｘを活用したグーグルマップを使ってみた人は、驚いた。マウスで地図上をクリックしたり、ドラッグしたりするすると地図が右や左、上や下に流れるように移動し、スムーズに地図の上を動くことができるのだ。拡大・縮小も自由自在で、まるで地上から発射されたロケットの窓から地表を眺めているように、自宅周辺の細かい地図から世界地図まですするすると縮尺を変えていくこともできた。

これまで応用ソフトというのは、ＣＤ－ＲＯＭの形になったものをパソコン専門店で購

グーグルマップの表示例（画面1–3）

入し、自宅に戻ったらパソコンにインストールし、そしてデスクトップに置かれているアイコンをダブルクリックして起動するものだと考えられていた。

ところがＡｊａｘを使うと、ソフトを店で買ってきたり、インストール作業をしなくても、ウェブブラウザ上からすぐに起動することができる。それだけ簡単に起動できて、しかも使い勝手が通常のパソコンソフトと変わらないのであれば、もうソフトなんて買わなくてもいいのでは——人々がそう思うようになるのも当然だった。

このグーグルマップに先んじて、グーグルは「Ｇメール」というサービスもはじめている。これもＡｊａｘを使ったサービスで、ウェブブラウザ上で「アウトルック」のように電子メールを読み書きできてしまう。このＧメールもきわめて使いやすく、おまけに1ギガバイトものメール保存容量が用意されていたから、多くの人はこのサービスに熱狂して群がった。

グーグルマップにしろＧメールにしろ、利用はいっさい無料である。先に紹介したグーグルニュース同様、個人利用者に対してはグーグルのサービスはすべて無料で提供されているのだ。

そうなると、

「もっと他のソフトも、Ａｊａｘで使えるようにならないのだろうか」

と人々が期待するようになったのも、当然だった。

グーグルがサン・マイクロシステムズと提携したのは、そんなさなかのできごとだったのである。

「王国が崩壊する」

この提携が注目されたのは、サンが「オープンオフィス（別名スターオフィス）」という無料のオフィスソフトを開発していたからだ。マイクロソフトと対抗し続けてきたサンは六年もかけてこのオープンオフィスの開発を続けており、完成度もなかなかのものだったが、一般に普及させることには失敗していた。

どうしてもマイクロソフトの牙城を突き崩すことができなかったのである。

マイクロソフト・オフィスは、市販価格が三万円〜五万円もする。オープンオフィスは無料だったのにもかかわらず、それでもマイクロソフトの市場を破れなかったということは、いかにマイクロソフトの市場制覇力が強かったかということを示しているといえる。

しかしサンがグーグルと手を結ぶとなると、かなり話が変わってくる。もしグーグルが、その強力なＡｊａｘテクノロジーを使ってオープンオフィスを改造し、ウェブブラウザ上で動かせるようにしてしまったら、どうなるだろう？　ひょっとしたら使いやすいオフィスソフト「グーグルオフィス」が登場して無料で、しかも気軽にインターネット上で使えるようになるかもしれない――人々は、そう期待したのである。

「もしそうなったら、長く続いたマイクロソフトの王国がついに崩壊することになるかもしれない」

という期待も、かなり込められていたのである。

しかし残念なことに、実際の提携記者発表では、オープンオフィスのＡｊａｘ版開発という話は、少しも出なかった。かなり限定的な内容の提携にとどまり、このため人々の期待は急速にしぼんでしまった。

この発表に対し驚くべきことに、今度はマイクロソフトの側が激しく反応したのである。

マイクロソフトは、グーグルとサンの提携が発表されたわずか一か月後、「オフィス・ライブ」「ウィンドウズ・ライブ」という二つのサービスを発表したのである。

「オフィス・ライブ」というのは、今のところ幻に終わっている「グーグルオフィス」と同じような考え方で、ウェブブラウザ上で使えるオフィスソフトのサービスを、中小企業などに有料で提供するというものだ。またウィンドウズ・ライブはGメールと同じように、ウェブブラウザ上で電子メールの読み書きなどを行えるというサービスだった。マイクロソフトはパソコンソフトの世界から打って出て、グーグルと真っ向からの勝負を挑む決心をしたのである。

この戦いが今後どうなるかは、まだわからない。

高値vs.無料の戦い

永遠に続くと思われていたマイクロソフトの王国がグーグルによって脅かされ、マイクロソフトは防戦一方になっているようにも見える。

マイクロソフトはウィンドウズやオフィスソフトを高値で販売し、莫大な利益を上げてきた。それに対してグーグルは、すべてのサービスを無料で提供し、マイクロソフトを駆逐しようと躍起になっている。

これもグーグルの驚くべき「破壊戦略」のひとつなのである。

グーグルの「破壊戦略」は、ありとあらゆる分野に触手を伸ばしつつある。

さらに例を挙げてみよう。

グーグルは二〇〇五年十月、米サンフランシスコ全域に、無料の無線インターネット接続を提供する計画を提案した。家庭やオフィスなどで使われている無線ＬＡＮのアンテナをくまなく張り巡らし、市内だったらどこでも簡単にインターネットに接続できるようにしてしまおうという計画だ。しかもこのサービスを、グーグルは無料で提供するというのである。

「ユビキタス」提案文書

日本やアメリカに限らずどこの国でも同じだが、通常インターネットに接続しようとする場合、インターネットプロバイダ（接続業者）と契約し、月々数千円の利用料金を支払う必要がある。これがすべて無料になり、しかも無線を使うことによって住宅に回線を引き込む工事なども要らなくなるというのだから、このグーグルの発表は驚きを持って迎えられた。

グーグルの提案文書には、次のように書かれていた。

〈ユビキタスで安価なインターネット接続は、人類の社会や経済の発展にとっては非常に重要であり、無線インターネット接続を無料で供給するというプロジェクトに取り組むことは、そうした方向性に沿った大きな一歩だとわれわれは考えている〉

ユビキタスというのはもともと「神の遍在」を意味する宗教用語で、全知全能の神がすべてを監視し、人間の行動を手のひらのうえで転がすというような意味だ。そこから転じてコンピュータ業界で使われるようになり、生活や社会のすべての場所にコンピュータが存在し、コンピュータ同士が連携して動作することで、人間の生活をバックアップするような枠組みを意味するようになった。

さまざまな人間生活の場面に入り込み、それまで活動していた他の企業を破壊・排除していく――そんなグーグルの戦略は、確かに本来の宗教的な意味での「ユビキタス」に近いようにも見える。

グーグルは世界で最も高性能な検索エンジンを構築するため、二万台以上のコンピュータを並べ、それらを高速な光ファイバー網で結んでいる。こうした巨大なネットワークを作るノウハウは相当なもので、そのノウハウを一般家庭向けのインターネット接続網にも活用できると考えているようだ。

さらにこのプランはサンフランシスコ市内だけでなく、実は全米に同じようなサービス網を張り巡らせ、アメリカに住む人なら誰でも無料でインターネットに接続できるようなインフラを整備することも考えているのだという。

「グーグルネット」計画

正式名称ではないが、この壮大な計画は人々から「グーグルネット」と呼ばれるようになっている。

グーグルネットが実現すれば、多くの人たちが喜んで使うようになるのは間違いないだろう。しかしそうなると、もうひとつの疑問も生じてくる。

これまで有料でインターネット接続を提供していたプロバイダや電話会社、ケーブルテレビ会社などに対して、人々はカネを払わなくなってしまうのではないか——ということだ。

これはアメリカの通信業界を、根底からひっくり返してしまう可能性を秘めている。ここでもグーグルのあらたな「破壊戦略」が生まれているのである。

さらにグーグルはこのグーグルネットに併せて、地域密着型の案内広告ビジネス展開を検討していることも、サンフランシスコ市当局に提出された提案書の中で明らかにされている。

無線LΛNというのは、電波の届く距離が百メートルから数百メートル程度と非常に短い。だから「アクセスポイント」と呼ばれるアンテナを数百メートルおきに網の目のように設置し、電波が漏れなく届くようにしなければならない。日本で使われているNTTドコモやKDDIの携帯電話と比べても、かなり細かく中継アンテナを設置しなければならない通信インフラなのである。

地域密着型の広告効果

自宅やオフィスでパソコンを利用する市民は、最寄りの中継アンテナを経由してインターネットに接続することになる。

そしてグーグルの狙っている広告ビジネスは、その中継アンテナにある。どの利用者がどの中継アンテナを経由してインターネットに接続しているのかは、グーグルの側からすべて把握できる。したがって、その利用者が住んでいる場所をかなり絞って地域密着型の広告を届けることができるのだ。

仮に、日本の身近な商店街モデルで考えてみよう。

たとえばあなたが、東京・神楽坂の本通りに近い住宅街に住んでいるとする。あなたは日本で始まったグーグルネット（もちろんいまはまだ日本では始まっていないし、その計画もない。これは架空の話である）を利用していて、新宿区神楽坂六丁目の電柱に取り付けられている中継アンテナを経由してインターネットに自宅のパソコンを接続している。

グーグルは、あなたが神楽坂六丁目の電柱から半径数百メートルの範囲内に住んでいることを知っている。また接続サービスに登録する際にさまざまな個人情報の登録も求められたから、あなたが年収六百万円のビジネスマンで、妻と小学生の子供二人がいることも知っているし、自宅が賃貸マンションであることも知っている。趣味がドライブと映画鑑賞であることも知っている。

一方でグーグルは、ありとあらゆるところから広告主を集め、それら広告主の広告を配信している。その中にはもちろん自動車メーカーや化粧品会社、銀行などといった大手のクライアントもいるけれども、その一方で、スーパーマーケットや個人の商店、地域密着型の信用金庫などの広告主とも契約している。

となると、グーグルネットを使って行われるグーグルの広告ビジネスは明らかだ。

たとえば神楽坂五丁目のスーパーマーケットが、週末に大売り出しを行うとする。そのスーパーは、これまで新聞の折り込み広告に入れていたチラシと同じ内容の画像ファイルを、あなたに向けてグーグルネット経由で届ければいい。折り込み広告と違って紙代や印刷代、新聞販売店の配達料金も要らないから、比較的安価に広告を地域の消費者のもとに届けることができる。

夢ではない夢物語

不動産会社も同様だ。あなたが賃貸マンションに住んでいるのがわかっているのであれば、神楽坂に新しくできる分譲マンションの広告を届けることを望むだろう。中古車販売、水道修理、引っ越し・運送、清掃代行サービスなど、これまで新聞の折り込み広告になっていたような地域密着型の広告であれば、すべてグーグルネットのこの地域広告に呑み込んでしまうことが可能になる。

さらに言えば、「売ります」「買います」といった個人売買や求人広告なども、グーグル経由で提供することが可能になってしまう。グーグルネット経由で接続している人であれば、自宅にある要らない品物を「売ります」広告に出すだけで、自動的にグーグル側が

「あなたは神楽坂六丁目に住んでいる」と認識し、神楽坂界隈に住んでいる人たちに効率よくその「売ります」広告を届けることができる。

ほとんど夢物語のように聞こえるかもしれないが、しかしこれは決して夢物語ではない。グーグルはすでに似たような個人向け広告ビジネスを、二〇〇五年十一月からスタートさせているからだ。

その正式名称は「グーグルベース」（次頁画面1―4）という。英語版が公開されたばかりで、日本語版はまだない。

グーグルベースの利用者は、「自動車売買」「料理のレシピ」「求人」「求職」「住宅貸します」「チケット売ります」といったありとあらゆる種類の情報を、無料で投稿できる。それらの情報には自分でわかりやすいようにラベルを付けておいて、他の利用者が簡単に見つけ出せるようにもできる。

投稿された情報は、グーグルベースのトップページにジャンルに分けて表示される。この章の冒頭で紹介した「グーグルニュース」と同じように、ジャンル分けは自動的に計算式で行われるしくみになっている。さらに近い将来、クレジットカード決済機能も追加され、利用者同士が簡単かつ安全にカネのやりとりもできるようになるという。

グーグルベースの表示例（画面1-4）

Google Base BETA
Search Base
Search in wanted ads
Search all of Google Base
Posted Items
Browse > wanted ads
Refine your search: price bedrooms listing type agent seeking apartments housing wanted
3 bedroom rental wanted in Western NY, Buffalo, New York - Sublet Com
listing type: rental bedrooms: 3 wanted ads far north alaska house for rent sublets
adfadf Looking for a rental for $2000 or less in Far North Alaska, Alaska. I do not have pets.
http://www.sublet.com/advt/LrSearch_Details.asp?soi=731989&source=10228 - Feb 3 - Report bad it
Room for rent wanted in Amsterdam, amterdam, Netherlands - Sublet Com
listing type: rental bedrooms: 3 wanted ads oxford cincinnati house for rent ohio
Looking for a rental for $1000 or less in oxford, Cincinnati, Ohio. I do not have pets.
http://www.sublet.com/advt/LrSearch_Details.asp?soi=755255&source=10228 - Feb 3 - Report bad it
3 bedroom rental wanted in San Diego, sandiego, California - Sublet Com
listing type: rental bedrooms: 3 wanted ads san diego house for rent california
I am 26years old with to kids and a husband to be.We both have pretty steady income coming in. An
reliable and trustworthy. ...
http://www.sublet.com/advt/LrSearch_Details.asp?soi=756553&source=10228 - Feb 3 - Report bad it
3 bedroom rental wanted in Southwest CT, Connecticut - Sublet Com
listing type: rental bedrooms: 3 wanted ads house for rent apartments housing wanted
Looking for a rental for $1000 or less in Southwest CT, Connecticut. I do not have pets.
http://www.sublet.com/advt/LrSearch_Details.asp?soi=752070&source=10228 - Feb 3 - Report bad it
1 bedroom rental wanted in Central NY, New York - Sublet Com
listing type: rental bedrooms: 1 wanted ads new york central ny house for rent
Looking for a Studio or 1 bedroom short term rental for $1500 or less in Central NY, New York. I do n
http://www.sublet.com/advt/LrSearch_Details.asp?soi=753054&source=10228 - Feb 3 - Report bad it
3 bedroom rental wanted in Austin, Tyler, Texas - Sublet Com
listing type: rental bedrooms: 3 wanted ads house for rent apartments housing wanted
I have dogs I am interested in relocation only if I can take my pets they are a part of my family and I
leaving them anymore than leaving ...
http://www.sublet.com/advt/LrSearch_Details.asp?soi=743505&source=10228 - Feb 3 - Report bad it
1 bedroom rental wanted in Ft Lauderdale Area, Florida - Sublet Com
listing type: rental bedrooms: 1 wanted ads house for rent apartments housing wanted
Im a 25 year old male who is looking for a place. I work and go to school, and im getting married in A
dont want to spend more than 500 ...
http://www.sublet.com/advt/LrSearch_Details.asp?soi=718994&source=10228 - Feb 3 - Report bad it

このグーグルベースのホームページ上の説明には、こう書かれている。

〈他の人と共有したい情報をどう人に見せるか分からない時には、グーグルベースが最適です〉

折り込み広告が消滅

このグーグルベースが、グーグルネットと結びつけばどうなるだろう。もし普及していけば、日本では新聞の折り込み広告が消滅してしまう可能性さえある。

折り込み広告は新聞販売店の収益の柱となっており、この広告モデルがあるからこそ日本の新聞社は強固な全国販売店網を維持してくることができた。折り込み広告が将来的に駆逐されるようなことにでもなれば、新聞社の存在の基盤さえも揺るぎかねない。

グーグルベースとグーグルネットは、強烈な破壊力を秘めているのである。

あらゆる種類の情報がグーグルベースに集まり、それらが地域ごとに細かく閲覧できるようになる——それはミニコミ誌や地方紙を規模でもはるかに越え、そして個人や地域への密着度でもはるかに凌駕した巨大な消費者情報網の誕生でもある。

もっとも、日本ではまだグーグルベースもグーグルネットも存在しておらず、その意味を理解している人はほとんどいない。

しかしアメリカでは、それらの破壊力は現実の脅威となって語られつつある。

たとえば、アメリカの地方新聞。アメリカ国内には部数数千部から数万部程度の小規模な地方紙が各町に存在し、アメリカン・デモクラシーの根幹を支えてきたとされている。そしてそうした地方紙は、案内広告（クラシファイド）と呼ばれる広告によって収益を得てきた。日本語で言う「三行広告」で、つまりは個人や小さな事業者の「売ります」「買います」「求人」などの短い広告である。つまりはグーグルベースとまったく同じ広告モデルということなのだ。

グーグルベースがアメリカ国内で普及し、グーグルネットによって地域性を備えるようになれば、こうした地方紙のクラシファイドを直撃しかねない。この問題がアメリカでは急浮上し、グーグルベースに対して懸念する声がマスメディアの間からも出始めている。

グーグルは二〇〇五年以降、いたるところで「破壊戦略」を展開している。

ほかにもさまざまな計画がある。

たとえばグーグルは二〇〇六年初め、「グーグルPC」というパソコンを発表した。わずか百ドルの簡易なパソコンで、これをグーグルは開発途上国の子どもたちに一億台配布する計画を立てているという。IT化をテコにした経済成長を狙っている開発途上国の多くの子どもたちが最初からグーグルを使うようになれば、その波及効果は計り知れない。同時に、開発途上国における大手パソコンメーカーの市場が破壊される可能性も出てくる。

すべての書籍を検索

またグーグルは、「グーグルブックサーチ」（旧グーグルプリント）というサービスを二〇〇四年にスタートさせている。これは書籍の全文が検索できるサービスで、世の中のすべての書籍をグーグルから検索できるようにすることを目指している。出版社がこのサービスに登録し、自社で刊行した書籍をグーグルに郵送すると、グーグルがすべてのページを手作業でスキャンして電子化し、グーグルのデータベースに登録する。利用者が検索すると、その検索キーワードが含まれるページの画像が表示され、そこからオンライン書店の購買ページや出版社のホームページにリンクできるしくみになっている。

検索結果は該当ページしか表示されないため、「著作権保護の観点からも問題はない」

とグーグル側はアピールした。

ところがグーグルがこのサービスをさらに進化させ、図書館の蔵書を対象にしたことから、問題の火が噴いた。同年暮れに、ハーバード大やスタンフォード大、オックスフォード大、ニューヨーク市立図書館など、提携する大学や公立図書館の蔵書をすべてデジタル化し、検索できるようにする新プログラムを発表したところ、アメリカの作家団体や出版社団体などが「著作権法違反だ」として相次いで提訴したのである。

「破壊者グーグル」に対抗

グーグル側は「このサービスを使うことで、利用者はこれまで図書館に行かなければ触れることができなかった本の中身を確認できる。また出版社や著者の側は売り上げ増につながる」と主張しており、お互いの主張が歩み寄る気配はない。

さらにグーグルは、二〇〇六年初頭からオンラインビデオ販売にも参入した。これはしばらく前からアップルコンピュータがスタートさせていた「ｉＰｏｄ」のビデオ配信と似たサービスで、アップルと今後真っ向からぶつかることになる可能性があるとみられている。しかしグーグルという巨人が参入したことによって、通信・放送の融合が一気に加速する可能性も出てきた。
アメリカの調査企業ＩＤＣはグーグルを、「破壊者」という刺激的な呼称で呼んだ。「破壊的なビジネスモデルが加速することで、新たな状況が生まれる」（『二〇〇六年ＩＴ業界予測』レポート）
ＩＤＣによれば、グーグルが次々に既存のビジネスを破壊していくというこの潮流は、今後も拡大していく。そして破壊される相手はＩＴ企業のみならず、古い業界にまで及んでいく可能性があるという。このレポートでＩＤＣは、「より大きな影響としておそらく出てくるのは、古い企業が『破壊者グーグル』に対抗するために自分自身のビジネスモデルを破壊していくという状況だろう」とも予測している。

それにしても――。
グーグルの「破壊戦略」には、依然として大きな疑問がつきまとう。
この章の中ほどでも提起したような疑問である。
グーグルはいったいどのようにして利益を出しているのだろうか？
グーグルはいったい何のために既存のビジネスを「破壊」しようとしているのだろう

か?
いよいよ次章では、この謎の解明に進んでみたい。
グーグルの収益構造の秘密である。

Google

CHAPTER 2

すべてを凌駕していく

検索

〈低い次元での単純な現象が、高い次元で予想もしない複雑な振舞いとして顕現する——こういう創発的性質が生命の深奥に隠れていることは確かに事実のような気もする。それは、記号であらわされる命題と操作規則によってコミュニケーションを包括しようとした、(人工知能をふくむ）従来の普遍言語機械から一歩踏み込んだ知といえるだろう〉

『ペシミスティック・サイボーグ　普遍言語機械への欲望』(西垣通著　青土社　1994年)

第二章　小さな駐車場の「サーチエコノミー」

グーグルの巨大な収益構造は、いったいどこから生まれてきているのか。

しかしこの章の物語は、一見してグーグルや先端ネットビジネスとは何の関係もなさそうな、ごく殺風景な場所から始まる。

東京都大田区京浜島。

その住所のとおり、羽田空港の近くにある小さな島である。半径一キロのデコレーションケーキを、ケーキナイフで六分の一に切り取ったような形をしている。少しいびつな三角形。戦前に東京湾を埋め立てて作った土地で、流通センターやトラックターミナル、清掃工場、東京消防庁の訓練場などが茫洋と広がっている。かなり殺伐とした光景だ。

島内の道路はどこもだだっぴろくて、人通りは少ない。日中はトラックや清掃車両がひっきりなしに行き交い、砂塵を巻き上げている。道路を歩く人の姿は見えないけれども、ある種の機械的な活気のようなものが、島全体を覆っている。

島の海岸には公園もあり、空港を離発着する旅客機が間近に見えることから、週末には写真撮影に来た航空マニアや家族連れ、あるいは釣り人などの姿も多い。

しかし深夜ともなれば、この島の様相はおおきく変わる。倉庫や流通センターの鍵を閉めて従業員が帰宅してしまうと、人はだれもいなくなる。無人の荒野のようになった島の中には、街灯がぽつりぽつりと点いているだけだ。

深夜の京浜島駐車場

そんな深夜の島を歩いていく。すると島のほぼ中心部、大通りから一本入った横道に、広い駐車場がある。敷地は千五百平方メートル程度だろうか。鉄骨二階建てになっており、全部で二百台ほどは駐車できる。そしてなぜか道路に面した柱には、表札がわりなのだろうか、「株式会社ヤート」と油性フェルトペンで殴り書きされている。

駐車場の脇には、なかば錆びついたような古いプレハブの建物がある。中からは少し黄ばんだ蛍光灯の灯りが漏れている。中に入ると、六畳ほどの長細い部屋に古びた事務机が三台。壁にぶら下げられたホワイトボードのカレンダーには、駐車場の予約票がぺたぺたと貼られている。

床にはじかに布団が敷かれ、駐車場の主である山崎宣雄さん（五七歳）が布団にもぐり込んで仮眠をとっている。そのそばで、エプロン姿の妻照美さん（五九歳）は、事務机に向かってカタカタとノートパソコンのキーボードを叩いている。ノートパソコンはかなり古い型で、表面の塗装も少し色あせている。だが照美さんが、そんなことに執着する様子はもちろんない。

照美さんがパソコンの画面を通して見ているのは、グーグルのホームページだ。正確に言えば、検索エンジンのホームページではなく、グーグルが提供している「アドワーズ」という広告サービスのホームページである。

京浜島で「B&B羽田空港近隣パーキングサービス」という駐車場を経営している山崎夫妻は、この広告モデルを使って関東一円の空港利用者から客を集めている。

B&Bというのは「ベンツとBMW」という意味だ。B&B駐車場を利用する客は、京浜島のこの駐車場まで運転してきて自家用車を預け、山崎夫妻が用意した高級外車のベンツやBMWに乗って空港まで送られる。出張や旅行を終えて羽田空港まで戻ってきたら、B&Bに「帰ってきたよ」と電話する。すると再び到着ロビーまでベンツやBMWが迎えに走るというしくみになっている。

山崎夫妻は二〇〇一年からこの場所で駐車場を開いている。もともとは運送業を営んでいたのだが、不況で仕事が激減。「一般向けの駐車場だったら、日銭が稼げるんじゃないか」と考え、京浜島のいまの場所に潰れた駐車場を見つけ、居抜きで借りた。株式会社ヤートというのは、本業である運送業の社名だ。

しかし新規参入してみると、羽田空港の民間駐車場というのは実のところ、きわめて怪しいビジネスだった。

「なんか変だな」

そもそもが、羽田空港の近くに駐車場を持っていないのに「駐車場サービス」を名のっている業者が当たり前のようにいる。たとえば羽田空港から数十キロも離れた神奈川県内に駐車場を持っているだけなのに「羽田空港の便利な駐車場」と広告を出す。客から車を預かると、はるばる一時間以上もかけて車を神奈川県内にまで運んでしまう。もちろんそのことは利用客には秘密で、往復のガソリン代を業者が負担することなどしない。

しかし客が旅行から帰ってきて車を受け取ると、なぜかガソリンがよけいに減っているから「なんか変だな」と気づく。

「ガソリンを使ったんじゃないの?」

と一応は文句を言ってみるが、業者に、

「お客さんの勘違いでしょう。変な因縁をつけないでもらえますか」

と強面《こわもて》でシラを切られてしまえば、泣き寝入りするしかない。

魑魅魍魎の世界

さらに言えば、もっと悪質で、きわめて違法性の強いことをしている業者もいる。たとえば最近でも、こんな事件が起きている。

〈インターネットで「格安民間駐車場」と宣伝して羽田空港（東京都大田区）の利用者から有料で車を預かり、近くの都中央卸売市場大田市場の無料駐車場に駐車していた男が、警視庁東京水上署に逮捕されていたことが十五日、分かった。逮捕の容疑は、駐車場内で車に装着された車止めを壊した器物損壊。同署は、市場が「二十四時間出入り自由」というすきをついた悪質なパーキングビジネスとみて、実態を調べている。

逮捕されたのは、川崎市の自営業の男(40)。

調べでは、男は十一日午前六時二十五分ごろ、大田区東海三の大田市場内の駐車場で、市場側が車のタイヤにはめた車止めの鍵を工具で壊した疑い。巡回中の警備員からの通報で駆け付けた同署員が、逃げた男を見つけ取り押さえた。容疑を認めているという。

男はインターネットで民間駐車場のサイトを装い「安心・格安・丁寧」と宣伝。一泊二日で四千円の料金で、羽田空港ターミナルの利用客から車を預かり、約四キロ離れた大田市場内の無料駐車場で保管していた。受け取りの際は、空港近くで自分やアルバイトが待機。顧客に携帯電話で受付場所を指示し、車とキーを預かっていた。返却時は、顧客が到着ロビーから連絡を入れると車を届けていた〉(二〇〇五年九月十五日・東京新聞夕刊)

この事件は、氷山の一角だ。

これは警察に摘発されて表面化したケースだが、実際のところ同様のことをやっている業者は少なくないとされている。夜間は無人になる倉庫や工場の駐車場をこっそり借用し、夜の間の車置き場にしてしまう業者。数十台も運び込み、鍵はかけずに朝まで放置しておく。鍵をかけないのは、もともと停めてあった車と区別できるようにするためだ。そして朝が来ると、倉庫や工場の従業員が出勤してくる前にすべての車を運び出してしまう。従業員も、かなり怪しげな面々が集まっている。車を空港で客から預かり、駐車場まで運ぶ手間賃は、おおむね五百円ぐらいが相場。だれもがひどい低賃金で働かされているから、仕事に対する責任感はとても低い。

山崎夫妻が参入した羽田民間駐車場業界は、なんとも驚くべき魑魅魍魎《ちみもうりょう》の世界だったのである。

ビジネスの特異な構図

そしてそこに参入した夫妻のビジネスは、当初は惨憺たるありさまだった。

二〇〇一年夏に開業して、最初の一か月の間に利用してくれた客は、たったの一人。夏休みのオンシーズンだというのに、閑古鳥が鳴いていた。

「広告を出してないんだから、そりゃ来るわけないよ」

と、翌月から大手旅行情報誌に広告を出した。一ページの四分の一ほどのわずかなスペースであるのにもかかわらず、月二回刊の雑誌に二回広告を出稿し、料金は三十万円。雑誌広告としてみても、かなり高い部類に入る。

しかし結果は芳しくなかった。ようやくぽつぽつと予約は入るようになったものの、せいぜい一日に数件から十件程度。広大な駐車場はほとんどが空いていて、二人で「こりゃ野球ができるな」と自嘲気味に苦笑いした。

当然、儲けが出るわけもなく、開業からおよそ一年の間に運送業で貯めたカネを、全部吐き出すことになる。もちろん食べていけないから、それまでの運送業も並行して続け、何とか日銭を稼いだ。「こりゃダメだ」と、大手週刊誌にもがんばって広告を出してみた。しかし高い金額を払ったにもかかわらず、その週刊誌の広告を見てやってきた客は、たったひとりだった。何の広告効果もなかったのである。

「どうして客が来ないんだろう?」

と自問自答する日が続く。

そこで考えあぐねた末、近所の駐車場業者や業界人などにそれとなく聞いたりして、ようやくわかってきたのは、駐車場ビジネスの特異な構図だった。

多くの駐車場業者は、実は大手旅行代理店と提携している。つまり旅行代理店がツアーや航空券などの書類をまとめて顧客に渡す際、封筒の中に一緒に駐車場のチラシを入れてもらうのだ。そのコストは決して安い金額ではない。契約すれば駐車場利用料金の二五〜

三〇パーセントをマージンとして旅行代理店側に取られてしまう。おまけに加盟料や協賛金と称して、別途キックバックのようなものも要求されるのだ。

ホームページに出会う

しかしそれだけ払っても、十分にペイできるだけのパワーが旅行代理店の「チラシ同封」にはあるようだった。実際、相当にきわどい怪しげな商売をやっている駐車場業者が、高級外車を自慢げに乗り回している姿は、京浜島界隈では珍しい光景ではなかったのだ。

いや、怪しげな業者であればあるほど、実は駐車場業にかかる経費は少ない。一台運んで五百円という安い値段でアルバイトを雇い、ちゃんとした駐車場も借りずに路上駐車などですませているから、固定費はほとんどかからない。極論すれば、携帯電話一台持っていれば可能になってしまう裏っぽいビジネスなのだ。だから大手旅行代理店に巨額のマージンを払っても、十分にペイできるということになる。

山崎夫妻は、

「やっぱり旅行代理店にお願いするしかないいか」

とも考えた。

しかしB&Bは正規に千五百平方メートルの駐車場を借り、しかもきちんと従業員を雇って給料を支払っている。たいした売り上げもないのに旅行代理店に巨額のマージンを支払ったら、儲けがほとんどなくなってしまう。

結局のところ、大手旅行代理店に寄りかかった駐車場ビジネスというのは、経費を徹底的に押さえ込んで、かろうじて損益分岐点を越えることができる微妙なビジネスということなのだ。駐車場業者たちが犯罪すれすれにまで踏み込んでいるのは、旅行代理店からのわずかなおこぼれをもらうために仕方なく……ということもいえるかもしれない。

では正規にビジネスを展開しようとしているB&Bはどうすればいいのか。

山崎夫妻がインターネットに出会ったのは、悩みに悩んでいたそんな時期だったのである。

きっかけは、それまでもB&Bの広告制作をしてくれていた知人だった。

「ホームページを作った方がいいよ」

とアドバイスされた。「民間の羽田空港駐車場。B&Bパーキング。羽田空港近くの駐車場。オンライン予約も可能」とキャッチフレーズをつくり、ホームページからも駐車場を予約できるようにした。これだけでもかなり予約が来るようになったが、さらに飛躍するきっかけになったのは、なんと言ってもキーワード広告に参入したことだった。

キーワード広告を利用

山崎夫妻が利用したキーワード広告は、グーグルの「アドワーズ」とオーバーチュアの「スポンサードサーチ」だった。世界的に見ても、日本市場だけを見ても、この二社がおおむね市場を分け合っている。だから山崎夫妻がこの二社のサービスを利用したのは、当然の成り行きだった。

ここでいったん、山崎夫妻の物語から離れよう。

キーワード広告というのは、どのようなサービスなのだろうか。ここからしばらくは、キーワード広告というものを詳しく説明していきたい。「キーワード広告なんてとっくに知ってる」という方は、もちろん読み飛ばしていただいてかまわない。

インターネット業界の中では、ここ数年、キーワード広告というビジネスが巨大な存在になってきている。

ヤフーホームページの表示例（画面 2−1）

そしてその先頭を走っているのが、実のところグーグルなのである。

キーワード広告について、説明を続けよう。

グーグルやヤフー、MSNなどのホームページから検索を利用したことがあるだろうか。たとえばヤフーのホームページだったら、画面2−1の➡部分に何かの言葉を入れれば、その言葉についての検索をすることができる。

従来、ホームページの検

スポンサーサイトの表示例（画面2-2）

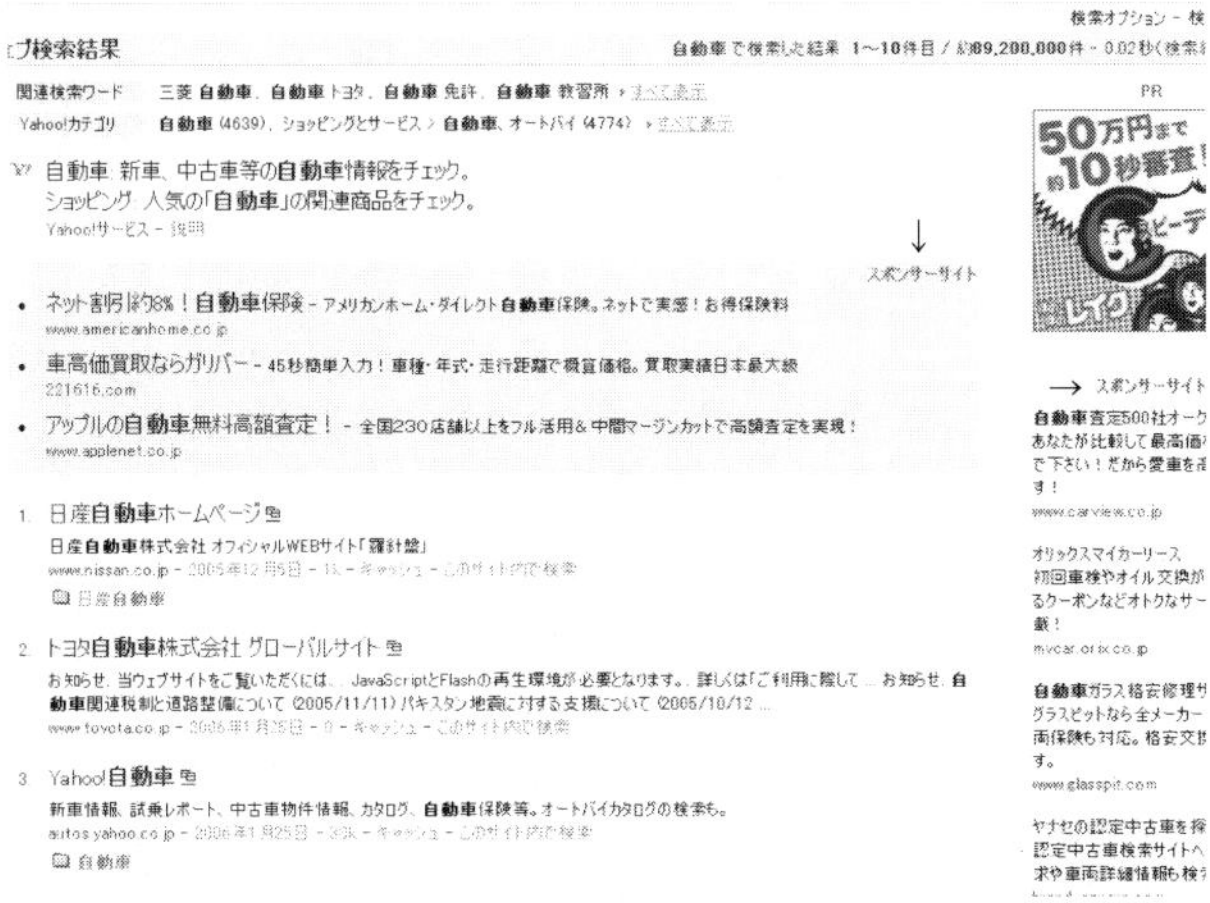

索というのはすべてが機械的に行われていた。

アドワーズに登録

たとえば「自動車」という言葉で検索をしてみる。すると、画面2-2のような検索結果が表示される。画面の中央上部と右側にそれぞれ、「スポンサーサイト」（↓部分）と書かれていることに気づかれただろうか。これがキーワード広告である。一方、画面中央下部には「1．日産自動車ホームページ」「2．トヨタ自動車株式会社　グローバルサイト」「3．Yahoo!自動車」などと並んでいる。ここはキーワード広告ではなく、アルゴリズム検索といわれる広告宣伝抜きの純粋な検索結果だ。

ではこのキーワード広告は、どのようなしくみで表示されているのだろうか。

たとえばあなたが東京の神楽坂にある花屋の主人だったとする。近所のお客さんはついているけれども、もう少し売り上げを伸ばしたいため、あなたはグーグルとオーバーチュアの両方にキーワード広告を出すことを考えた。

まずやらなければならないのは、グーグルのホームページを開いて、キーワード広告のアドワーズに登録することだ。登録料として最初に五百円徴収される。支払いはクレジットカードだ。この作業から以降は、すべてホームページ上でボタンを押したり、キーボードで文字を入力していくだけで行えるようになっている。対面の窓口は存在しない。

次に広告の文面を考える。タイトルと本文の文章、それにホームページのアドレスを入力する。たとえばこんな感じだ。

かぐらざか花店
都心の小京都・神楽坂の花屋が
和のこころで花をお届けいたします

www.kagurazaka-hana.jp

広告文面ができたら、次にやらなければならないのは「どのような検索キーワードを選ぶのか」という作業だ。たとえば「花屋」という検索キーワードを設定したとしてみよう。日本中の人（もちろん海外からでも、日本語を使える人なら利用できる）がグーグルを使って「花屋」というキーワードで検索すると、あなたの広告が検索結果に表示されることになる。

クリック単価は最小七円

しかし、落とし穴もある。日本全国には花屋さんは星の数ほどもある。もし数百の花屋さんがみんなアドワーズに広告を出し、キーワードに「花屋」を設定してしまったら、どうなるだろう？　早いもの順？

実はグーグルもオーバーチュアも、キーワード広告には「オークション方式」を採用している。つまり金額を入札して、高い値段を付けた人が落札するというやり方だ。ヤフーオークションなどのインターネットオークションが普及したことで、一般の人たちにもごく普通に利用されるようになった。

たとえばアドワーズの場合、広告料金は「クリック単価」によって決められている。グーグルの検索結果を見ている利用者が、その広告を一回クリックして広告主のホームページに行くごとに、料金が発生するしくみだ。そしてクリック単価の最小価格は、七円。もし「かぐらざか花店」の広告をアドワーズに出して仮に七円で落札できたとする。アドワーズを経由して百人の人が来てくれれば、七百円の広告料金をグーグル側に支払うことになる。

でも七円で落札できることは、滅多にない。特に「花屋」なんていう誰でも思いつきそうなキーワードで落札して広告を出そうとすると、競争相手が多いから、落札価格はどんどん高騰してしまう。たとえば「融資」「キャッシング」なんていう人気キーワードともなると、クリック単価は三千円ぐらいにもなっている。利用者ひとりがクリックしただけで、アドワーズに広告を出している消費者金融の会社は、毎回三千円を支払わなければならない。一万人がクリックすれば、広告料金は三千万円にもなる。それでも広告を出し続けている業者がたくさんいるのだから、キーワード広告がいかに広告効果が高いかわかるというものだ。

実際には、入札で高い値段を入れた順に、広告の掲載位置が決まる。たとえば「花屋」のキーワードでオークションをやって、こんな順位になったとする。

かぐらざか花店　一五〇円
麴町フラワーショップ　二〇〇円
池袋花工房　九〇円

この場合、キーワード広告は「麴町フラワーショップ」「かぐらざか花店」「池袋花工房」の順に表示されるというわけだ（ただし、アドワーズの場合はこの順位に、各広告主の人気ランキングも加味される。話がややこしくなるので、ここではオーバーチュア方式で説明している）。

もしオークションに参加したのが三店舗だけでなく、二十店舗ぐらいあったとすると、広告は検索結果のトップページには収まりきらなくなり、二ページ目以降に送られてしまう。二ページ目、三ページ目となると利用者の目に止まりにくくなるから、オークションに参加する人は何とかトップページに入ろうとして入札価格をつり上げていくことになる。

だから人気のキーワードは、値段が高騰しやすい。

そこで広告を出そうとする人は、知恵を絞って安い広告料で広告効果を上げようと必死になる。キーワード広告のオークションは「花屋」みたいな単一のキーワードだけでなく、たとえば「花屋　東京」「花　ギフト」「フラワー　贈り物　送料無料」といったように二つ以上のキーワードで入札することもできる。そこでこのキーワードをどのようにしてうまく組み合わせるかが、頭の使いどころとなるわけだ。

「東京湾　屋形船」

たとえば東京湾で屋形船を出している会社がある。この会社はキーワード広告を始めた当初、「東京湾　屋形船」というキーワードで入札していた。競争相手は少なかったのか、それほどクリック単価は高くなかったが、しかし客もあまり集まらなかった。「東京湾　屋形船」という組み合わせのキーワードを入力して検索する利用者が、あまりいなかったからだ。

屋形船の会社は、必死で考えた。「屋形船を利用しようという人たちは、どんなキーワードで検索しているんだろう？」

そこでわかってきたのは、夜の東京湾に遊びに行こうと思っている人たちは、プランとして屋形船を考えているケースが少ないのではないかということだった。

「今度の宴会はみんなで東京湾の夜景でも見たいね」

と社内で盛り上がっても、そこでいきなり「屋形船に乗ろう」とはならない。宴会幹事が東京湾の夜景を楽しむために検索エンジンでなにかのサービスを探すとしても、「東京湾　屋形船」というキーワードはあまり使われないようだった。

「おそらく多くの人は、『東京湾　夜景』で検索しているんじゃないかな」

屋形船の会社の担当者は必死で頭をひねり、ようやくそういう結論に達した。そこで改めて、キーワード広告に「東京湾　夜景」で入札することにした。

すると結果はいとも鮮やかだった。瞬く間に大量のクリックがあり、数多くの客を呼び寄せることに成功してしまったのである。

このキーワード広告を利用して営業活動を行っている会社は、日本国内でも中小企業を中心にここ数年急増している。国内のキーワード広告市場は一千億円規模に達していると言われ、先にも述べたが、アメリカと同じようにグーグルとオーバーチュアが市場を分け合っている。

それにしても、キーワード広告という今まで存在もしていなかったようなビジネスが、なぜこれほどまでに持てはやされるようになったのだろうか。

その問題を解き明かすためには、二〇〇〇年以降に起きたインターネットの大変動を説明しなければならない。

羽田の駐車場を経営する山崎夫妻の物語から、さらに話は広がってしまうけれども、もう少し我慢してつきあっていただきたい。

「パンドラの箱」が開く

歴史を振り返ってみると、インターネットが一般社会に急速に普及しはじめたのは、一九九〇年代なかばのことだった。日本では一九九四年、一般の人でも利用できる安価なインターネットプロバイダ（接続業者）が登場。さらに翌九五年の秋には、インターネット接続機能が標準で搭載されたマイクロソフトのOS「ウィンドウズ95」が発売され、誰でもネットにつないで電子メールやホームページを楽しむことができるようになった。

多くの人がインターネットの中に流れ込んでくれば、当然のようにネットはマスメディアと同じように扱われるようになり、そして広告ビジネスを持ち込もうという話になる。しかしインターネットのホームページの見た目は、テレビや雑誌とはだいぶ異なっている。テレビコマーシャルや雑誌のグラビア広告をそのまま持ち込むわけにはいかない。

そこで考え出されたのが、「バナー」という広告だった。先にも述べたが、バナーは「横断幕」という意味の英語で、その名のとおりホームページの上部などに左から右へと広告を掲げたのである。最初に登場したのは一九九四年、アメリカでIT系ニュースを提供している「ホットワイアード」というホームページが採用したのが先駆けだったと言われている。

バナー広告は、ただ広告を人々に見せるだけでなく、「クリックできる」ことに最大の特徴があった。広告をクリックすると、広告主のホームページにいきなり飛ぶことができるわけだ。そこでバナー広告を売る広告代理店は、「テレビや雑誌の広告と違って、クリック回数を計れば広告効果がどの程度あるのかがすべて計算できる」とPRした。

これはもちろん正しい理解なのだけれども、しかしその一方で「パンドラの箱」を開けてしまった部分もあった。

なぜ「パンドラの箱」だったのだろうか？

それまでのテレビや雑誌の広告は「本当に効果があるのかどうかわからないけれど、ものすごく多くの人が見ているし、おそらく効果はあるのだろう」という漠然とした広告主の期待感から成り立っていた。

「漠然とした期待感」

しかしこの「漠然とした期待感」が真実であるのかどうかは、かなり以前から疑問視され、「本当は広告効果なんかないんじゃないか」という指摘も少なくなかったのである。たとえば最近もこんな記事が日本経済新聞系列のニュースサイトに掲載され、話題を呼んだことがあった。記事を書いたのは、放送業界に詳しいジャーナリストの坂本衛氏。

〈まさに民放の根幹を支えるものというべきテレビCMが、ある分野においてはあまり「効かない」らしいということが、次第に明らかになってきたのだ。(中略) 2005年、北米で日本車が史上空前の売れ行きを示したことは、報道などでご存じだろう。いま民放関係者が眉をひそめて密かに語り合っているのは、「トヨタは北米でいちばん売れた車種のテレビCMを、一切打たなかったらしい。もし、トヨタが日本で同じやり方を始めたら。

日産やホンダも追随し始めたら……。民放は、たいへんなことになってしまう」という心配なのである。

筆者は、複数の民放テレビ関係者からそう聞いた。

2005年12月に出そろった東京キー局5社の中間決算は、営業収入でテレビ朝日とフジテレビ以外の3社が前年度比マイナスで、あまりよくなかった。そして、「実は、その次の四半期の数字も、よくない。世の中は好景気で、株式や土地はバブルとすらいえるほど好調なのにパッとしないのは、メーカーがテレビCMを絞りはじめたからだ」と解説する関係者も出始めた〉（『テレビは今、何をすべきか』第一回　民放の根幹を揺るがす、ある〝深刻な〟事態(1)〜テレビCMの限界が見え始めた＝二〇〇六年一月十三日、nikkeibp. jp）

「漠然とした期待感」が実は砂上の楼閣で、テレビの広告がいよいよ崩れ落ちつつあるというのである。

インターネットの広告は、そうした砂上の楼閣に対するアンチテーゼとして登場したと言ってもいいかもしれない。だから登場当初から、広告効果をきちんと測ることが強く求められたのだ。

しかしネットの広告だからといって、テレビCMや雑誌広告と比べて必ずしも広告効果が高いわけではない。ネット広告代理店はバナー広告を「クリックの回数を保証しますよ」「クリックがなければ広告代金はいりません」とPRして広告主に売り込んだ。

それでも最初のころはバナー広告は利用者に人気が高く、クリックされる率が高かったから問題なかった。ところが数年経つうちにどんどんクリック数が減ってしまい、バナー広告の効果は下がってしまったのである。

クリック数をリアルタイムに計測でき、広告効果がダイレクトにわかる——というのがバナー広告の売り文句だったから、この事態には広告代理店も困ってしまった。そして自分たちが、「パンドラの箱」を開けてしまったことに気づいたのである。

どうして人々はバナー広告をクリックしなくなってしまったのだろう？

理由はふたつあった。

ひとつは、「情報のインフレーション」が起きてしまったことだった。九〇年代以降、インターネットが爆発的に普及していく中で、毎日、毎日ものすごい数のホームページが生まれ、人々に読まれるようになっている。その勢いはいまもとどまるところを知らず、おそらく九〇年代初頭には数万程度しかなかったであろうホームページの数は、現在では二十億ページ以上にも達しているとされている。

もちろんその一方で、利用者の数も増えている。しかし利用者の増加を越える割合でホームページの数は増えているから、単純計算すれば、ホームページひとつあたりの利用者の数は相対的に減少してしまう。バナー広告も同様で、見に行きたいホームページが山のようにあるのに、わざわざ興味もない広告をクリックする人が、だんだん減っていってしまったのは当然のことだった。

バナー広告の凋落

もうひとつの理由は、当時はまだバナー広告を出す広告主の種類が限られていて、同じような企業の広告ばかりが表示されるようになり、飽きられてしまったことだ。今でこそ大手化粧品メーカーや自動車メーカーなどの誰でも知っている大企業がインターネットにも広告を出しているが、ネット広告黎明《れいめい》期だった当時は、ＩＴ関連企業の広告が中心で、さらに言えば消費者金融やアダルト産業などの広告も少なくなかった。どんなホームページを見ても、いつでも似たような広告ばかりが表示されているような状態になってしまって、ますますバナー広告は飽きられてしまったのである。

そんなわけで広告主の企業から見ると、ネット広告は一瞬盛り上がったものの、すぐに効果は落ちてしまってあまり意味のないものになってしまった。さんざん広告料金をふんだくられ、効果が期待できないまま新たな広告媒体を次々と押しつけられる——ネット広告に対し、そんなイメージを抱くようになった企業は少なくなかったのだ。

そんな状況の中に登場したのが、「キーワード広告」だった。

キーワード広告が最初アメリカで登場したとき、多くの人は「そんなもの、本当にうまくいくのか?」とにわかには信じなかった。

ビル・グロスの発明

キーワード広告を発明したのは、オーバーチュア(最初の社名はゴートゥー)の創設者だったビル・グロスという起業家である。彼は「この広告はすごい!」と満を持して作り上げ、一九九八年にカリフォルニア州モントレーで開かれたある会議で発表した。このときの様子は、二〇〇五年に日本語版も刊行された『ザ・サーチ グーグルが世界を変えた』(ジョン・バッテル著、中谷和男訳、日経BP社)に紹介されている。

〈このプレゼンテーションにグロスは自信満々で臨んだが、グロスが説明を始めると、普段は熱心に聞き入る出席者もとまどった様子だった。（中略）会議の出席者はこれを認めなかった。会場の評価は、ゴートゥーは頭で考える限りでは興味深いが、いささか過激に過ぎるというものだった〉

理解されないのも当然だった。検索エンジンの検索結果に広告を入れるというのは何だかピンとこなかったうえに、キーワード広告は表示される場所が小さくて、バナー広告のような派手なデザインを持たせることができなかったからである。七十九ページの画面2-2をもう一度見てほしい。キーワード広告は派手なデザインもなく、わずか三行程度の短い文章だけで構成されている。「いかにして視聴者（利用者、読者）の目を引くか」という一点に絞って作られた華やかなテレビCMや雑誌のグラビア広告とは、対極に位置する存在と言ってもいいほどだ。

さらに言えば、インターネットの世界では検索エンジンの検索結果というのは公平中立でなければならないと考えられていた。検索結果に広告を混ぜるというのは、まるで新聞社が記事の中に広告記事を混ぜ込んでしまうようなものだと考えられ、グロスにはマスコミからの批判も殺到した。

ところがグロスがキーワード広告を一九九八年六月に実際に始めてみると、インターネット業界はすぐにその凄さを思い知らされる結果となった。広告をクリックする利用者が非常に多く、広告効果がきわめて高かったのである。グロスの会社の顧客企業は翌年中ごろまでには八千社にまで達し、売り上げは一千万ドル規模に達した。

そしてグーグルがこのモデルを真似るかたちで、二〇〇二年に同じようなキーワード広告「アドワーズ」をスタートさせた。そしてこの二社が市場を分け合うかたちでキーワード広告は急成長していったのである。

ではなぜ、キーワード広告はこれほどまでに人々に受け入れられたのだろうか。なぜバナー広告は飽きられてクリックされなくなっていたのに、人々はやすやすとキーワード広告をクリックするようになったのだろうか。

それは、検索エンジンというサービスの持つ意味が、インターネットの中できわめて重要になっていたからだった。

もっと具体的に言えば、多くのインターネットユーザーにとって、検索エンジンはインターネット利用の「玄関口」のようなものになっていたからなのである。

たとえば先ほどの「かぐらざか花店」の例を使って、人々がどうやって花をインターネットで買うのかを考えてみよう。

ホームページを閲覧するソフト「インターネット・エクスプローラ」で、目的のホームページに行き着くためには、いくつかの方法がある。

もっとも初期のころに主に使われていた方法は、画面の上部にある「アドレス」欄だった。ここに「http://www.kagurazaka-hana.jp」とホームページのアドレスを直接打ち込んで、「かぐらざか花店」のホームページに行くという方法だ。面倒なようだが、昔はこうした方法でいちいちホームページを開いていたのである。

さらに一歩進んだ使い方は、かぐらざか花店のホームページを「お気に入り」に登録しておき、次に見たいときは「お気に入り」からたどって開く、というやり方だった。

検索エンジンの登場

次いで出てきたのは、ヤフーなどの総合ホームページにある「ディレクトリ」を経由してホームページにたどりつく、という経路だった。「ディレクトリ」というのは住所録の意味。ヤフーのホームページを見ると「エンターテインメント」「趣味とスポーツ」「メディアとニュース」といったようにカテゴリー分けされ、さまざまなホームページへの道をたどれるようになっている。ヤフーのような総合ホームページを「ポータルサイト（玄関サイト）」と呼ぶが、九〇年代はこのポータルサイトを利用する方法が一般的だったのである。

ところが二〇〇〇年ごろから次第に、人々が目的のホームページにたどり着く経路が変わってきた。アドレス欄やポータルサイトではなく、検索エンジンを使う人が増えてきたのである。

つまり「かぐらざか花店」という店の名前が分かっているのだったら、検索エンジンの検索キーワードに「かぐらざか花店」と入力して検索する。あるいはNHKやヤフーのホームページに行くときでさえも、「NHK」「ヤフー」といった単語を検索して、検索結果からNHKやヤフーのホームページを見つけるという人が目立って増えてきたのだ。

その変化が日本国内でも鮮やかに現れてきたのは、二〇〇二年ごろだったと思う。ネットレイティングスというインターネットの調査会社があり、ネットに関連するさまざまな調査を行っている。グーグルやヤフーなど主要な検索エンジンで使われた検索キーワードのランキングも調べているのだが、同社のこの年の調査結果に、「地図」や「アダルト」などの従来からよく使われていた検索キーワードと並んで、「Yahoo!」「フジテレビ」

「ＮＨＫ」など、特定のホームページを表すキーワードが上位を占めたのである。

それまでの検索エンジンは、何かを調べたい人が情報収集のために使うというのが、最も普通の利用方法だった。ところがこの時期から、明らかに検索エンジンの使い方が変わってきた。つまり「情報収集」ではなく、検索エンジンを「ナビゲーション（道案内）」として使う人が急に増えてきたということなのだった。


どうしてそんな変化が現れたのだろうか？

それにも、実のところきちんとした理由があった。インターネット上にはさまざまな流行があり、新しいテクノロジーや目新しいサービスが登場するけれども、それらにはきちんと背景があって登場してくる正当な理由があるものだ。

従って検索エンジンの使い道が変わったことにも、もちろん正当な理由があった。

「ロボット」を海に放つ

それは検索エンジンの性能が、それまでとは比較にならないほど向上したからである。

そしてその性能向上を実現したのが、グーグルという会社だった。

もともと検索エンジンというサービスは、一九九〇年代半ばから始まった。最初に検索エンジンを作ったのは、インフォシークというアメリカのネットベンチャーだった。

しくみを簡単に言えば、「ロボット」と呼ばれるプログラムをインターネットの海に放ち、世界中に広がるホームページのデータをどんどん収集させる。集めたデータは加工され、それぞれのホームページがどのような内容をもち、どの程度の重要度があるのかが計算式（アルゴリズム）によって自動判断され、その結果に基づいて巨大なデータベースに収められていく。検索エンジンの利用者が検索キーワードを入力すると、データベースはそのキーワードを見てそれに適合するホームページのデータを拾い集め、検索結果として表示するというしくみになっている。

ところが初期の検索エンジンは、このアルゴリズムの部分がとても単純だった。たとえば、「ホームページのデータの中に『花』という言葉がたくさんあれば、『花』についてきちんと書かれたホームページと見なす」といったシンプルきわまりない判断をしていた。

この単純さが、悪用されてしまったのだった。

悪用したのは、オンラインカジノやオンラインポルノなどのアンダーグラウンド業者の面々である。彼らはホームページに店を出していて、インターネット経由でひとりでも多くの客を集めようと毎日さまざまな策略をめぐらしていた。先に説明したようなバナー広告を最初に活用したのも、彼らである。

これらの業者は、いち早く検索エンジンにも目を付けた。ポルノやカジノのホームページは雑誌やテレビではほとんど紹介されないし、もちろんヤフーなどのきちんとしたポータルサイトからたどることもできない。こうした業者を利用しようという人は当時から、検索エンジンで「ポルノ」「カジノ」と検索してホームページを探す、というのがごく一般的だったのだ。

アルゴリズムクラッカー

検索エンジンを広告に利用した最初の人間が彼らだった。そして検索エンジンを広告に利用する以上、「いかにして検索結果のランキング上位に入るか」というのが大きな課題となる。そこで彼らは悪知恵を絞って、ランキング上位に入る方法を考えた。先ほどのようにそのころは検索エンジンは、「ホームページのデータの中に『花』という言葉がたくさんあれば『花』について重要とみなす」といった単純なアルゴリズムを持っていたから、たとえばホームページの中に「ポルノ」ということばを大量に埋め込んでおけば、「ポルノ」で検索したときにランキング上位に入ることができるわけだ。

もちろん他の業者が同じ手口を使えば、ランキングは逆転してしまう。だから彼らは検索エンジンと戦うのと同時に、同業他社とも競争し、検索エンジンのアルゴリズムを食い荒らしていった。最もひどいときには、たとえば「花」や「自動車」などどんなキーワードで検索したとしても、検索結果はほとんどすべてがポルノとカジノで埋め尽くされてしまっている、というかなり悲惨な状態になっていた。彼らは「アルゴリズムクラッカー（アルゴリズムの破壊者）」などと呼ばれて検索エンジン業界から忌み嫌われたけれども、しかし有効な防衛策も見つからなかった。

このため結果として検索エンジンは一般の利用者からの信頼を著しく失ってしまい、情報収集のための道具としてあまり未来はないように思われていた。九〇年代後半ごろのことだ。

おまけにこの時期になると、前にも書いたようにインターネットで「情報のインフレーション」が起き、爆発的な勢いでホームページの数が増えていった。検索エンジンは先に説明したように、「ロボット」というプログラムがインターネットの大海からホームページのデータを収集してくる仕組みを取っている。

ところがあまりにも物凄い勢いでホームページが増えていったため、検索エンジン側のデータベース作りが追いつかなくなってしまったのである。取りこぼしが多くなり、データベースは不完全になった。そうなると検索エンジンを利用しても、本当だったらそこにあるはずの目的のホームページに行き着くことさえできなくなってしまったのである。

このひどい状況の中に登場してきたのが、グーグルだった。

グーグルは一九九八年、ラリー・ペイジとサーゲイ・ブリンという二人の米スタンフォード大大学院生によって設立された。

革新的なテクノロジー

グーグルの検索エンジンは、驚くほどに革新的だった。

まず第一に、グーグルは「クラスタリング（結合）」というコンピュータ・テクノロジーを採用した。それまでの検索エンジンは大型コンピュータを導入していたが、しかし爆発的に増加するホームページに追いつかなかった。大型コンピュータはいったん導入したら入れ替えるのがとても難しいからだ。これに対してグーグルは、普通の安価なパソコンを数千台も並べ、それらを一台の仮想のコンピュータとして使えるようにする「クラスタリング」という技術を採用した。一台一台は性能が低くても、数多く用意すればスーパーコンピュータと同程度か、あるいはそれ以上の性能を発揮できてしまうのだ。

このクラスタリングによってグーグルは、爆発的に増えていくホームページを難なくデータベース化することに成功した。いまやグーグルは、二十億ものホームページを収集していて、圧倒的な能力を世界に見せつけている。

そして第二に革新的だったのは、グーグルが「ページランクテクノロジー」という新しい技術を作り出したことだった。

このテクノロジーの基礎になっているのは、「人気のあるホームページからリンクが張られているページは良いホームページ」という考え方だ。たとえばヤフーに紹介文が載っているようなホームページだったら、個人のページであってもかなり信頼度は高いと言える。逆にどこかの会社の公式ホームページであったとしても、インチキなオンラインカジノやポルノサイトからしかリンクが張られていないと、「この会社は何だか胡散臭いな」と判断されてしまうことになる。

もちろん従来からあった検索エンジンも、リンクの数は考慮に入れていた。「たくさんリンクされている方が良いホームページ」という判断基準をアルゴリズムの中に持っていた。ところがこの考え方を逆手にとって、アルゴリズムクラッカーたちは「リンクファーム」という手口を考え出した。中身の何もないホームページを大量に作って、これらのページからポルノサイトやカジノサイトへのリンクを張ったのだ。この手口を使うことでポルノ・カジノサイトは見かけ上は、数多くのリンクが張られているように見え、素朴な検索エンジンはころりと騙されてしまったのである。

暗黒期からの脱出

だがグーグルの考えたページランクテクノロジーは、リンク元がヤフーやMSNなどきちんとしたサイトでなければ、評価されない。いくら悪辣なアルゴリズムクラッカーといえども、人気のあるサイトをゼロから生み出すことはできないから、この手法はリンクファームなどの手口を防止するのに非常に有効だった。

人気のあるサイト、有名なサイトから数多くリンクされたサイトに高い点数が付けられ、グーグルはその点数に従って、検索結果のランキングを並べ替えた。この技術によって、「グーグルの検索結果ランキングは的確だ」と人々に評価されるようになった。そして検索エンジンの世界は信頼を取り戻し、アルゴリズムクラッカーに支配された暗黒期からようやく脱出することができたのだった。

新生なった検索エンジンは、とても気持ちの良い道具だった。自分が求めることばを入力すれば、ほぼ瞬時に自分の求める結果が画面に表示される。高度な技術力を持ったグーグルに引きずられるようにして他の企業——ヤフーやマイクロソフトなども同様に検索エンジン開発を急ピッチで進め、ますます人々は検索エンジンに依存するようになった。

そして検索エンジンがインターネットの隅々にまで浸透し、人々は単なる情報収集の道具としてだけでなく、先ほども書いたように、「ナビゲーション」としても検索エンジンを使うようになってきたのである。

これが一九九〇年代末から二〇〇三年ごろにかけ、インターネットの世界の中で起きた劇的な変化だった。人々のインターネットを使う「経路」の中心が、検索エンジンになったのだ。

検索エンジンは、ほとんどのインターネット利用者にとって、ネットを使う「玄関口」となった。たとえば花を買おうと思っている人は、わざわざ花の関連ホームページを開いて、そこからバナー広告を探してクリックしたり、あるいはヤフーなどのホームページから苦労して花の販売ページを探してクリックするなどという面倒なことはしなくなった。

そんなことをしなくても、単純に検索エンジンに「花」と入力し、検索結果の中からオンラインショッピングできるホームページを調べればすんでしまう。あるいはもう少し検索エンジンに慣れた人なら、「花」「送料」というふたつのキーワードを入力して検索するだろう。いずれにせよ、「何をするのにでもまず検索」という人が、目立って増えていったのだった。

「経路」そのものの価値

この傾向はさまざまな統計によって実証されている。たとえば前出のネットレイティングスは二〇〇五年十一月、インターネット上における消費行動に関する意識調査結果を発表している。この調査結果によれば、オンラインショッピングなどの消費行動では、インターネットの検索エンジンが重要な起点となっていることがわかったという。インターネットで商品やサービスを購入する際、人々が検索エンジンを利用する率は、全体の五〇パーセント以上に上っていた。とくに旅行商品の購入では八六パーセント、電子機器・家電商品の購入では七四パーセントという圧倒的多数が検索エンジンを利用してショッピングサイトに移動していたのである。

そしてこれも前に書いたように、このドラスティックな変化に気づいた天才、ビル・グロスが、その経路の変化を広告に利用することを思いついたのである。

グロスが最初に考えたのは、「性能の良い検索エンジンだったら、その検索結果に企業はカネを出すかもしれない」ということだった。人々がインターネットを利用する「経路」そのものに価値があるのではないかということがひらめいたのである。

だから彼は当初、グーグルと同じような優秀な検索エンジンを開発しようと躍起になった。しかしグロスの会社はグーグルほどの卓越した技術力を持っていなかったから、なかなか技術開発はうまくいかない。そこでグロスはもう一度考え直し、そしてこんなことを思いついた。

「優秀な検索エンジンを開発するコストを、広告主の企業側に負担させたらどうなるだろう?」

その発想から、キーワード広告は生まれた。

前掲の『ザ・サーチ』という本には、グロスのこんなコメントが掲載されている。

〈「出発点で過ちを犯したことで、かえって気づいたのですが、検索の本当の価値は検索キーワードにあるのです」（中略）「たとえば『ダイアナ妃』と検索エンジンに打ち込んだとします。その時に人はダイアナ妃の店に行きたいのです。ダイアナ妃に関するすべての情報とグッズが、ユーザーのためにそろえてある店にね」〉

グロスが掘り当てた鉱脈は、インターネットの世界を大きく変えた。そしてその鉱脈はインターネットだけでなく、世界の経済にさえも大きな影響を与える存在になっていったのである。

最近はキーワード広告による経済が大きくなっていることをとらえ、「サーチエコノミー（検索経済）」という呼び方さえも生まれているほどだ。

キーワード広告の効果がとても高いことは、さまざまなところで実証されている。たとえば米ウェブサイドストーリー社は二〇〇五年末、さまざまなインターネット広告の効果がどの程度だったのかを調査した。その結果、キーワード広告をクリックして広告主のホームページで商品を買ったり、資料請求をした人の率は、バナー広告など他のネット広告の二倍以上の率だったことが明らかになっている。

Google

CHAPTER 3

すべてを再生していく

検索

〈ふたつの衛星の軌道がたまたまかさなりあうとき、わたしたちはこうして顔を合わせる。あるいは心を触れ合わせることもできるかもしれない〉

『スプートニクの恋人』(村上春樹著　講談社 1999年)

第三章　一本の針を探す「キーワード広告」

さてここまで、たいへんな遠回りをしながら、キーワード広告のことを説明してきた。キーワード広告とはいったいどのようなもので、それがどのような経済的背景の中から、どのようにして登場してきたのかがわかっていただけただろうか。

ここで再び、山崎夫妻の話に戻ることにしよう。

羽田空港のそばで二〇〇一年に駐車場を開業した山崎宣雄さんと照美さん夫妻は、当初は営業にものすごく苦労した。大手旅行情報誌に広告を出したものの、やってくる客はごくわずか。月二回刊の雑誌に二回も広告を出し、月間三十万円も払ったのにもかかわらず、広告効果はほとんどなかった。

しばらくしてようやくわかったのは、他の民間駐車場は大手旅行代理店と提携し、うまく顧客を誘導しているということだった。つまり旅行代理店がツアー客に渡す航空券などの袋に、駐車場のチラシを同封してもらう。この広告効果が抜群で、他の広告宣伝や営業活動はいっさい行わなくても、客は水道の水のように流れ込んでくるという構造だったのだ。

別途キックバック

しかしこのコストは安くなく、契約すれば駐車場利用料金の二五〜三〇パーセントをマージンとして旅行代理店側に取られてしまう。おまけに加盟料や協賛金と称して、別途キックバックのようなものも要求される。

そして山崎夫妻にとっては、この仕組みはすごく不健全な構造に思えた。

二人の思いは、こういうことだった。

——まず第一に、旅行代理店に過剰なキックバックを行っているのがおかしい。広告効果があるのは理解できるが、多額のキックバックを旅行代理店に払う余裕があるのだったら、そのカネはお客さんにちゃんとリターンするべきじゃないか。

第二に、駐車場業者の側が、何の営業努力もせずに旅行代理店にぶら下がって生きているのはおかしい。顧客本位という発想はそこにはかけらもなくて、ただ旅行代理店の担当者の顔色をうかがって仕事をしていればいいことになる。本当のお客さんをきちんと大事にしないようなやり方は、長続きしないような気がする――。

二人がそんなふうに不満と憤りを感じ、打開策はないかと考えているときに、偶然出会ったのがキーワード広告だったのである。

さて、山崎夫妻の羽田駐車場ビジネスが、キーワード広告に結びついたのは実のところきわめて理にかなったことだった。

いったいどこが理にかなっていたのだろう？

もう一度、

「羽田の駐車場」

というビジネスモデルのニーズに立ち返って考えてみよう。

旅行代理店のチケットにチラシを同封するという手法を拒否した二人は、何らかの方法でB&B駐車場のことを人々に広告する必要があった。それで最初に取り組んだのが旅行情報誌だったのだが、これは先ほど書いたように、あえなく失敗してしまう。

なぜ失敗したのだろうか。

空港のそばにある民間駐車場を利用する人というのは、どんな顧客層なのだろうか。

山崎夫妻によると、顧客はおおむね二種類に分かれるという。羽田空港がある東京都大田区や品川区界隈の人たちと、あとは山梨県や群馬県、栃木県、茨城県など比較的東京から遠い関東地方に住む人たちなのだという。

限定されるエリア

考えてみれば、当たり前のことだ。まず羽田空港は、意外と交通の便が良くない。電車の便は京浜急行と東京モノレールだけで、品川や浜松町からならそれほどアプローチは面倒ではないが、山手線や京浜急行沿線から少し離れると、とたんにアクセスが不便になってしまう。「電車だと三十分以上かかるけど、自動車だったら十五分ぐらいでいける」といったエリアに住んでいる人は多くて、こうした人たちが羽田空港の駐車場を利用するわけだ。これが羽田空港からさらに遠く——たとえば杉並区とか新宿区、北区あたりになってしまうと、

「車で行ってもいいけど、途中の渋滞を考えると面倒。やっぱり電車にしよう」

ということになってしまう。

また関東近郊の顧客層にとっては、自動車は生活の必需品である。山梨や栃木あたりに

住んでいる人はほとんどが日々の移動に自動車を利用していて、「車のない生活なんて考えられない」と思っている人が非常に多い。だから羽田空港経由でどこかに出張や旅行に出かけようと考えるとき、わざわざ地元の駅から電車に乗って東京駅や上野駅経由で山手線に乗り換え、さらにモノレールに乗り換えて……というのは、「面倒だなあ」と思ってしまう人が少なからずいる。

「やっぱり羽田まで車で行こうか」

となるのである。

さらに言えばそうした「大田区、品川区の直近エリア」「関東近郊エリア」に住んでいる人たちの中でも、羽田の民間駐車場を使おうという人はもっと限られてくる。実のところ民間駐車場を使う人たちの多くは、格安チケットの利用者なのだ。羽田空港には公的駐車場も完備されている。空港の中にあり、出発ロビーにも到着ロビーにも雨に濡れずに歩いていけるから、車で空港に来た人の多くはこれらの公的駐車場を利用するケースが多い。

しかし実はこの公的駐車場は、値段が高い。一泊駐めると五千円以上もかかり、民間駐車場の倍以上もする。こんなに高い駐車場に駐めたのでは、格安チケットをせっかくとった意味がなくなってしまう。

おまけに国内便の格安チケットはたいてい、深夜早朝割引のある便になっている。羽田空港午前八時発着とか、そういう便だ。となるといよいよ、車で空港に向かうしか方法がなくなる。せっかく安いチケットを取ったのに、前日から東京に行って羽田空港近くのホテルに一泊するのでは、本末転倒だからだ。

そこで格安チケット利用者は自然と、料金が安い空港近くの民間駐車場を使うということになるのである。

わらの山に埋もれた針

もちろん羽田空港だから、あまりに東京から遠くに住んでいる人は利用しない。静岡県や愛知県の人は名古屋空港や中部国際空港を利用するし、新潟県の人だったら新潟空港を利用する。羽田空港の利用者は、関東地方一帯に限られている。

そうなると、羽田の民間駐車場を利用する層というのは、かなり限られてくることがわかってくる。

「大田区や品川区などの直近の距離に住んでいる人」

「山梨県や群馬県、栃木県、茨城県など関東エリアだけれども東京から遠いところに住んでいる人」

「さらにその中でも、格安チケットを買って車で羽田空港に行こうと考えている人」

という層だ。おそらく人数にしてみれば、関東地方全人口の中の比率で言えば、ごくわずかしかいないのではないだろうか。

となると、こうした顧客を見つけるのはかなり難しいということがわかってくる。まるでわらの山の中から一本の針を探すようなものだ。

そしてこういうピンポイントの顧客というのは、広告がもっとも苦手とする対象なのである。

前に、山崎夫妻は最初に大手旅行雑誌に広告を出し、しかし大失敗だったという話を書いた。せっかく毎月三十万円も払ったのに、客はほとんど来なかった。どうして失敗したのか、もう理由はわかっていただけるだろう。

読者数が十万人を越える大手旅行雑誌は全国発売で、北海道から沖縄まで全国津々浦々の読者に届けられている。その数字だけを見ると物凄い広告効果があるように思える。

けれども、羽田の民間駐車場を利用しようと考える少数の人に届けるのには、あまりにも巨大すぎる広告媒体だったのだ。十万人以上の莫大な数の読者がいても、その中で先ほどの駐車場顧客の要件を満たしている読者はごくわずかしかいない。

オーバースペック

ひとことで言うのなら、

「オーバースペック」

だったのだ。

関東地方でだけ販売される旅行雑誌だったら、効果はあっただろうか？

全国展開の雑誌とくらべれば、少しはましだったかもしれない。しかし関東地方とひとことで言っても、そこに住んでいる人たちの層はものすごく広い。「旅行好き」「これから旅行に行こうと思っている人」と層を少し絞ったとしても、それでもあまり減らない。山崎夫妻がターゲットにしようとしているのは、

「関東地方に住んでいて」

「格安チケットを買って、車で空港まで行こうと考えている人」

だ。関東地方限定の旅行雑誌の読者である、

「関東地方に住んでいて」
「旅行に行こうとしている人」
という層とはかなり開きがある。やっぱりこれもオーバースペックなのだ。オーバースペックであるというのは、広告効果がきわめて悪く、コストパフォーマンスが低いということである。駐車場という利幅の低いビジネスをしていて、このコストパフォーマンスの悪さは致命的になってしまう。

では、もっとスペックの小さい広告を使えば良かったのだろうか？

広告の世界では、マスメディア広告に対比されるものとして、新聞の折り込み広告などが引き合いに出される。地元密着型の広告代理店がスーパーマーケットや八百屋、魚屋などから地道に広告を集め、チラシを新聞にはさんで配るという形態だ。折り込み広告の単価は雑誌のグラビア広告や新聞本紙の広告、テレビCMなどと比べれば比較にならないほど安い。おまけにスーパーマーケットの周囲数キロなど、地元の人たちにピンポイントの広告を届けることができる。

広告ではなく、販売促進（セールスプロモーション）という手法もある。スーパーの前で実演販売をしたり、街頭で試供品を配ったりといった手法だ。これも折り込み広告と同様、地元密着型で客に呼びかけることができるメリットがある。

では山崎夫妻は、新聞の折り込み広告やセールスプロモーションをすれば良かったのだろうか?

特殊なターゲット

ここまで読んでくださった方なら、答はすぐにわかっていただけると思う。

もちろん、折り込み広告やセールスプロモーションでは不十分だった。大田区や品川区の客に情報を届けることはできたかもしれないが、そうした広告では、関東一円に散らばる潜在的な客にはいっさい情報を伝えることができないからである。

関東一円に散らばっていて、しかも格安チケットを持っていて、そして羽田空港に自家用車で行こうと思っている人——。

ターゲットとしては、かなり特殊である。こういう特殊なターゲットの人たちに、どうすれば広告を届けることができるのか。これまでのマスメディア広告や新聞の折り込み広告、セールスプロモーションなどでは、これはほとんど実現不可能だった。

しかしキーワード広告が、その不可能を可能にしてしまったのである。

キーワード広告はインターネットの広告だから、日本全国どころか世界中に広告を届けることができる（もちろん日本語の広告だったら、日本語が使えるパソコンに限られるけれども）。

そして「検索するキーワード」に合わせた広告だから、そのキーワードを入力した利用者に絞り込んで広告を届けることができる。

つまりは、日本全国に（世界中に）散らばる特定の人たちに広告を届けることができるモデルなのだ。

これは広告にとっては、巨大な革命となる。いままで届けられないと思っていた客の層に、どんぴしゃりの広告を投げ込むことが可能になるからだ。そして山崎夫妻の駐車場も、キーワード広告を導入したことによって、劇的に変わった。

二〇〇三年の春ごろのことである。駐車場ビジネスを始めて、二年が経っていた。赤字が出続けて、ほとんど貯金を食いつぶし、これでダメならもう後がない、撤退するしかないというところに追い込まれていた。

パソコンをなんとか覚えて使いこなせるようになった妻照美さんが、最初に入札したキーワードは、次のようなものだった。

〈羽田　駐車場〉
〈羽田空港　駐車場〉
〈羽田空港　民間駐車場〉

こんなふうに少しずつ単語を変え、二つの単語の組み合わせを十件ほど登録し、入札に参加した。同じようなキーワードで入札している業者はほとんどいなかったため、数万円程度の出費で広告を出すことができた。

「プロジェクトX」

結果は、驚くべきものだった。旅行雑誌に広告を出していたころと比べ、倍ぐらいの問い合わせがくる。夏のシーズンになるとさらに客は増え、「キーワード広告を見て予約した」という客が一日に三十人以上に上る日も珍しくなくなった。車をとうとう収容しきれず、頭を下げて断らなければならない日まで現れた。

このころまで、山崎夫妻は大手旅行代理店に頭を下げようかどうか、悩み続けていた。旅行代理店のチケット袋にB&B駐車場のチラシを入れてもらい、その代わりに多額のマージンを払うという契約だ。しかしキーワード広告を始めてみて、その気持ちは完全に消

え失せた。旅行代理店の担当者に会いに行き、

「やっぱりうちはやめます」

と告げた。担当者はバカにしたような表情で、こう言い捨てた。

「ずいぶん強気に勝負するんだな」


キーワード広告は、顧客にダイレクトに広告が投げ込まれる。もちろんグーグルやオーバーチュアに広告媒体としての料金は取られるけれども、変なキックバックやリベートを支払わされる心配もない。きちんと顧客と向き合って、商売を続けていくことができる――それは商売をやっている側の山崎夫妻にとっても、納得のいくスタイルだったのである。


照美さんは、「旅行代理店のおこぼれをもらうんじゃなくて、自分でキーワード広告を使って一生懸命顧客を開拓するようになって、考え方がすごく変わった」と言う。

「最初はお客さんの送迎も人任せにしていたんだけど、コミュニケーションを大事にしなければだめだということが分かってきた。だから二回目のお客さんにはきちんと『前にも来ていただきましたね』と声をかけ、子供には飴をあげたり、冗談を言って笑わせたりと、

お客さんとのつながり作りに精を出している。北海道に行く人には『北海道は寒いよ』と声をかけ、そんな風にやっているうちに、お客さんから旅行先のお土産までもらうようになった。やっぱりせっかく旅行や出張に行かれるんだから、和やかな気持ちで旅立ってほしいじゃない」

いまやB&B駐車場の顧客は関東一円に広がり、七〇パーセントが固定客だという。まるで駐車場の「プロジェクトX」のような話ではないか。

山崎夫妻の駐車場ビジネスが離陸できたのは、グーグルが提供しているキーワード広告があったからだった。

インターネット世界を覆うキーワード広告というモデルは、実に日本の小さな零細ビジネスにまで影響を与えているのである。

グーグルという世界最先端企業の力は、こんなところにまで及んでいるのだ。

Google

CHAPTER 4

すべてを発信していく

検索

〈ポスト近代はどうあるべきかという理念に則ってネットをデザインするのではなくて、融合と淘汰という進化論的なプロセスを歩みながら、試行錯誤の中で最適化された様式を選択していく意志決定システムとしてネットをとらえる必要があります〉
『憂鬱な希望としてのインターネット』（村上龍著　メディアファクトリー　1998年）

第四章　メッキ工場が見つけた「ロングテール」

「ロングテール」

という言葉が最近、インターネットの世界で大流行している。英語で「長い尻尾」という意味だ。

次頁図4－1が、ロングテールのグラフである。ちょっと面倒な説明になるけれども、少しおつきあいいただきたい。

グラフの横軸は、商品の種類を表している。並び順は、その商品が売れているかどうか。つまり左の原点に近づけば近づくほど、売れている商品の種類を示し、右側に行くにしたがって売れない商品になっていく。

縦軸は、商品の売上高だ。

つまり左側のAゾーンのあたりは、よく売れている「売れ筋」商品。右側のBゾーン付

ロングテールのマーケティング手法（図4-1）

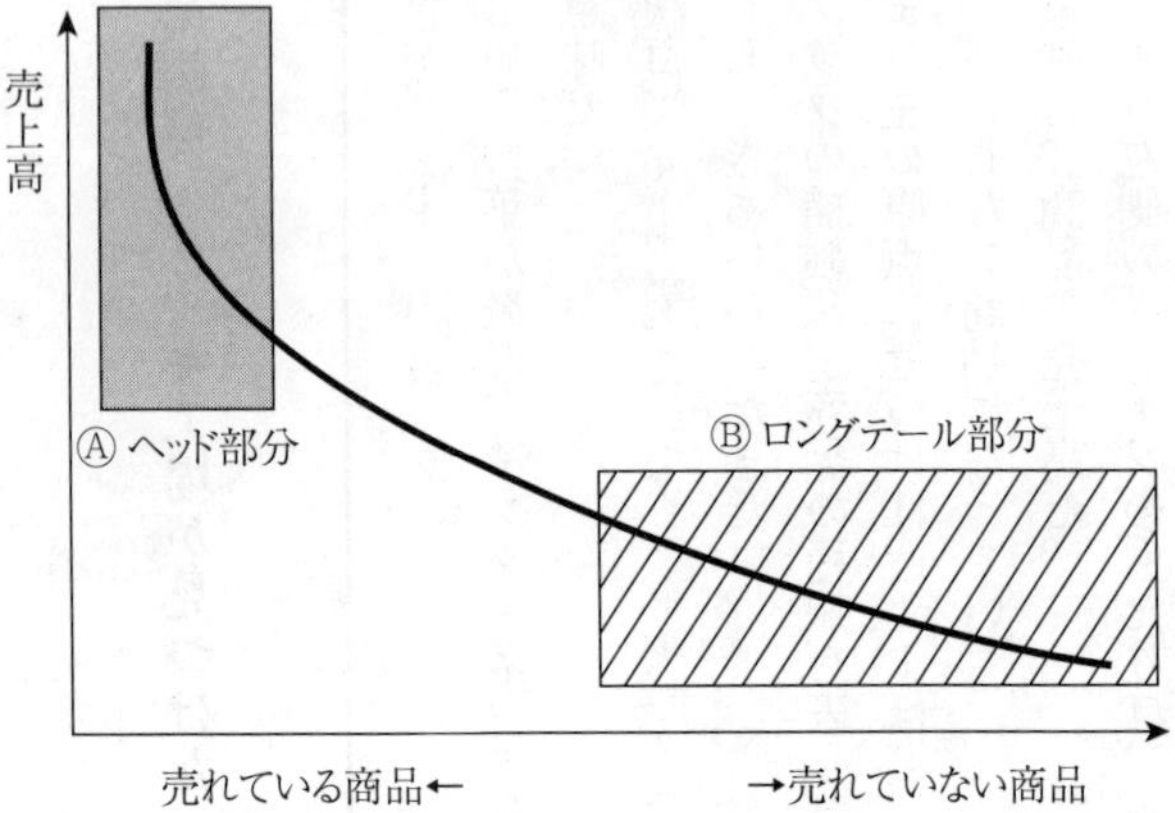

近は売れ行きの悪い、小売店用語でいう「死に筋」商品を表している。それをグラフで表すと、左上に頭をもたげ、右下に長い尻尾（ロングテール）を伸ばした曲線になる。

このグラフは、かなり昔からマーケティング理論で一般的に使われてきたものだった。「パレートの法則」「八〇：二〇の法則」という名前で知られている。どういう意味かと言えば、Aゾーンにある商品は、品数の種類で言えば全体の二割ぐらいしかないけれども、金額ベースで言えば全体の八割の売り上げをたたき出している。一方、右側のBゾーンの商品は売れ筋商品よりずっと多く、品数の種類では全体の八割を占めているけれども、しかし売上高は全体の二割しかない。

だから、Bゾーンの死に筋商品を下手にたくさん発売するのではなく、商品数は少なくてもいいからAゾーンに入れる売れ筋の商品を頑張って出しましょう——というのが、これまでのマーケティングの常識だったのである。

通用しない「パレートの法則」

これはどんなジャンルにでも当てはまる原則で、たとえば映画で考えてみよう。世界中では毎年、ものすごい数の映画が作られている。アメリカ国内に限っても、おそらくその本数は数百本を越えているはずだ。しかしその中で、世界中で大ヒットする映画はごくわずかしかない。となると、映画プロデューサーが狙うべき戦略はただひとつ。

「公開されてもほとんど顧みられないようなマイナーな映画を量産するのではなく、『スター・ウォーズ』シリーズのような大ヒット作を年に一本でもいいから頑張って作るべきだ」

という戦略である。従来は、これが当たり前の考え方だった。

ちなみにこの法則はもともと、パレートというイタリアの経済学者が一九世紀のイギリスの所得分布を調査研究し、数で言うと二〇パーセントしかいない富裕層に富の全体の八

○パーセントが集中していることを発見したことから、「パレートの法則」と名づけられた。だからマーケティングの分野だけでなく、この人間社会に起きるあらゆることに当てはまるとも言われている。

たとえば、

「会社で売り上げの八○パーセントを上げているのは、数では二○パーセントしかいない働き者の社員である」

「働き蟻は全体の二○パーセントが働いているだけで、その二○パーセントの働き者の蟻を巣から取り除くと、残りの蟻の中からやはり二○パーセントの蟻が働くようになる」

といった類だ。

「アマゾン」売り上げ分布

ところがこのパレートの法則は、こと商品の販売に関しては当てはまらなくなりつつある――最近、そんなふうに言われるようになってきた。つまりここ数年、売れ筋のAゾーンだけでなく、これまで死に筋だと思われたBゾーンの商品が、なぜか物凄い勢いで売れるようになってきたのである。

原因は明らかだ。インターネットが出現し、グーグルの高性能な検索エンジンがネット利用の中心となるのに従って、消費者のニーズが劇的に変わってきたからである。たとえば、オンライン書店「アマゾン」での売り上げ分布を見ると、その傾向はくっきりと現れているという。

この現象について、きわめてわかりやすく書かれた文章がある。インターネット業界のオピニオンリーダーとして知られるミューズ・アソシエイツ社長、梅田望夫氏が新潮社『フォーサイト』のホームページに連載しているコラム「シリコンバレーからの手紙」だ。この素敵な連載コラムから、少し引用してみよう。書かれたのは二〇〇五年である。

〈本を取り巻く関係者といえば、インターネットが登場するまでは、出版社と流通業者と書店であった。皆、店舗や倉庫や在庫といった大きな固定費を抱えるから、ある程度以上売れる本（グラフの左側）で収益を稼ぎ、ロングテール（延々と続くグラフの右側）の損失をそれで補うという事業モデルで長いことやってきた。

しかしインターネット書店はこの構造を根本から変えてしまったのである。米国のアマゾン・コムの本の売上げの半分以上が、販売部数ランキングの四万位から二百三十万位までのロングテールから上がっているようなのである（外部の研究者による推定）。高さ一ミリ以下で十キロ近く続くグラフ上のロングテールを積分すると、まさに「塵も積もれば山」、売れる本の販売量を凌駕してしまうのだ。リアル書店では在庫を持てない「売れない本」でも、インターネット上にリスティングする追加コストはほぼゼロだから、アマゾンは二百三十万点もの書籍を取り扱うことができる。しかも「売れない本」には価格競争がないから利幅も大きい（米国では新刊書にも値引き競争がある）と良い事ずくめになる。これがロングテール現象である。

このロングテール現象は、特にデジタルコンテンツのネット流通において顕著に現れる。三月二日、アップルの「iチューンズ・ミュージックストア（iTMS）」での音楽ダウンロード総数が三億曲を超えたが、アップル関係者によると、取り扱っている百万曲以上の楽曲の中で一回もダウンロードされなかった曲はないらしい。ここでもロングテールは長く連なっており、大ヒット依存のリアル世界とは全く異なる経済原則で事業モデルが成立しはじめている〉

たとえば人が音楽を聴いたり映画を観たりするとき、以前だったら、「テレビで観ると倖田來未が流行しているらしいから、倖田來未を聴いてみよう」「大ヒットしている宮崎駿のアニメなら安心して観られる」と、メガヒット作品に自分の趣味を合わせてしまう人が多かった。

「ロングテール現象」

ところがグーグルの検索エンジンが登場し、アマゾンなどでも自由に書籍やCDのタイトルが検索できるようになって、人々はより自分の好みに合わせた映画やCD、書籍を買い求めるようになったのである。

要するにいままでは、

「みんなが聴いていて流行っているから浜崎あゆみを聴いておくか」

と思っていた人が、

「本当は八〇年代のテクノポップが好きだから、そっちを聴こう」

とアマゾンで古いCDを買って聴くようになったということなのだ。

つまり先ほどのグラフで長い尻尾になっているBゾーンの部分の商品の売れ行きが増える結果となり、これを称して梅田氏も言うように「ロングテール現象」と呼ぶようになったのである。

この「ロングテール現象」は、インターネットで商売をしている企業や個人に、とてつもなく大きな影響を与えつつある。ロングテールを利用すれば、それまで商売にならないと思われていたような顧客層——ある程度の数は存在するけれども、全国や全世界に点々と散らばってしまっているために、顧客にするのは難しかったような人たちにモノを買ってもらうことが可能になったからだ。

先ほどのテクノポップの例で言えば、八〇年代のテクノポップが好きな人はおそらく世界に数十万人ぐらいはいるだろう。国内にだって数千人から数万人はいるに違いない。

「検索経済」の台頭

しかし以前は音楽CDを広告宣伝しようとしたら、テレビの音楽番組に出たり、テレビCMや雑誌に広告を出したりといった大規模なキャンペーンを行うか、そうでなければ街のCD店やライブハウスなどにチマチマとフライヤー（チラシ）を張るぐらいしか方法がなかった。前者はとてつもなくカネがかかる割に広告効果はあまりなくてオーバースペックだし、後者の方法だと近所の人にしか伝えることができない。全国に散らばる八〇年代テクノポップの愛好家には、広告宣伝することができなかったわけだ。

ところがインターネットの出現で、それがやすやすと可能になった。グーグルの検索エンジンから「テクノポップ　八〇年代」と検索すれば、ずらずらと愛好家のホームページが現れ、情報をいくらでも仕入れることができる。アマゾンなどのオンラインショップに行けば、そうしたマニアックなCDを簡単に購入することができてしまう。

これは消費経済を根底からひっくり返してしまいかねない、大きな革命である。

「サーチエコノミー（検索経済）」

などという大げさな用語が登場してくるのも、当然というものだろう。

前章で紹介した、山崎夫妻の駐車場ビジネスも実のところ、ロングテールである。山崎夫妻の事業が成功したのも、一種の「ロングテール現象」のひとつととらえることができるからだ。

浅く広く駐車場利用客を集めるのではなく、

「比較的遠い関東地方に住む、格安チケットで羽田空港を利用しようとしている人たち」

というきわめて狭いターゲットに絞られた顧客層を相手に勝負することができるようになったのは、キーワード広告があったからこそだ。

こうした山崎夫妻のようなケースは、いまや燎原《りょうげん》の火のように広がりつつある。ロングテールと検索経済によって、これまで大企業に屈するしかなかった中小零細事業者が、息を吹き返すケースが相次いでいるのだ。

思い出していただきたい。第一章で、辺境のローカルメディアがグーグルニュースによって、世界に発信する手段を手に入れたという話を書いた。また地域密着型のスーパーや八百屋が、グーグルベースによってあらたな広告手段を持って行くという話も書いた。

これらはすべて、ロングテールによって説明することができるのだ。

ここで、もうひとつの物語をつづってみたい。場所は羽田から遠く離れ、北陸・福井である。

地場メッキ工場の場合

福井市内に「三和メッキ工業」という小さな会社がある。一九五六年設立で、すでに半世紀の歴史を持っている古い企業だ。文字通り、メッキを生業にしてきた。地元の繊維関連の機械やブルドーザー部品のメッキなどを手がけ、最盛期には年間三億五千万円前後の売上高があり、社員も三十人近くいた。高度経済成長のころの話である。

この町工場のその後の変遷を、二代目社長清水和夫さんの息子で現在は専務を務めている栄次さん（三八歳）の目を通して振り返ってみよう。

栄次さんは高校を卒業し、しかし家業は継がずに、地元の家電量販店に就職した。人と会うのが大好きな栄次さんは営業の仕事に強い興味を持っていたし、工場に一日中こもってメッキに精を出すという仕事にはまったく興味を感じなかった。さらに言えば、いかにも将来のなさそうなメッキの仕事に就く気は毛頭なかったのである。

家電量販店の仕事はおもしろかった。接客のノウハウを一から叩き込まれ、毎日午前三時まで働いた。ちょうどバブルのころで、商品は飛ぶように売れた。入社して半年、歴代の新入社員の記録を塗り替え、わずか半年で二千万円を売り上げ、上司や先輩から褒められたほどだった。

ところが一年ほどして、突然実家に呼び戻される。「からだの調子が悪いから、家の仕事を手伝ってくれないか」と和夫さんに懇願されたのだ。あとから思えば、実のところ父の体調は悪くもなんともなく、「だまされた！」と気づくのだが……。父は何としても、息子に家業を継いでほしかったのである。

工場に入ってみると、仕事は予想以上に厳しかった。長年、職人としてメッキを手がけてきた父親は、息子にいっさい手加減しなかった。他の古株の職人たちもみんな職人気質で、くわえ煙草でメッキの機械を操作しながら栄次さんを指導し、仕事がうまくできないと「バカ息子！」と怒鳴り倒した。

もっとも栄次さんはあいかわらず営業の仕事が忘れられず、こっそり外に働きに出たりしていた。午後五時に工場の仕事を終えるとその足で外出し、福井市内の知人の服屋でアルバイトをしていたのである。そのころまではまだ「作業服に長靴、手袋のこんな仕事は嫌だ」とメッキから足を洗おうとこっそり考えていたからだった。服屋の経営者に栄次さんは気に入られ、「メッキなんか辞めてうちに来いや」と言われ、やる気満々だった。

マニュアルが存在しない

ところが半年後、こっそりアルバイトをしていることが父親にばれてしまう。「カネがほしいんならうちで残業しろ」とこっぴどく怒鳴られ、栄次さんは副業を断念する。

それが栄次さんの契機となった。メッキ屋から脱出することをあきらめ、本気で三和メッキ工業を継いで会社を大きくしていくことを決意したのである。結婚したことも、腰を据えて仕事をするきっかけになった。

メッキ工場には、複雑な工程が多数存在する。おおむね二十五に分かれたそれらの工程を栄次さんはひとつひとつ経験し、少しずつ修得していった。

そうやって仕事をおぼえていくうちに、メッキ産業が置かれている現状も知るようになる。メッキ産業は大半が大手企業の下請けに入っており、三和メッキも例外ではなかった。大企業がくしゃみをすれば風邪を引く、という地方下請け中小企業の典型的なパターンで、価格設定もかなりどんぶり勘定だった。おまけにメッキ技術自体も職人の腕に頼り切りで、ノウハウを伝えるマニュアルも何も存在していなかった。

「このままじゃ企業としての自立もできないし、打って出ることなんて一生できない」

そう考えた栄次さんは父に頼み込み、外回りの営業に出てみることにした。営業には自信がある。みずから仕事を発掘し、ネットワークを立ち上げていって受注網を作ることができれば――と思ったのだ。

そう考えて、二トントラックにカーナビを積んでアポなし飛び込み営業に出た。トラックで出かけたのは、仕事がもらえたら、その場でメッキする部品や製品を工場に持ち帰ろ

う と考えたからである。

ところが福井市内のあちこちの工場をかけずりまわってみると、反応は想像もしていなかったものだった。行く先々で、

「おまえのところが営業に来るのは、暇になるときだけだな」

「おまえのところは値段が高すぎるんだ」

とさんざんに文句を言われ、営業して仕事を取るどころか、ただひたすら頭を下げて謝ってまわるばかりだったのである。

工場の中で職人たちと一緒に仕事をしている時は、「おれたちはいい仕事をしてるんだ」というひそかな自負を持っていた。しかし外から見た三和メッキ工業は、まったく異なる印象の企業だったのである。要するに「客のことを何も考えていない、大企業にぶら下がった傲慢な会社」と思われていたのだ。

この実情にすっかりめげてしまった栄次さんは、外回りの営業を中止せざるを得なかった。

しかしそれであきらめたわけではない。「まず最初に社内の体制を整えよう」と考え、それまで職人ひとりひとりが頭の中に記憶したり、自分のメモ帳に書いて覚えていたメッ

キのノウハウを、パソコンのデータベースに落とし込もうという計画を立てた。

顧客情報のデータベース化

たとえば三和メッキが取引している大手企業からは、一万種類以上のメッキの発注がある。それらの発注製品名とメッキの仕様書を結びつけ、データベース化しようと考えたのだ。完成すれば、受注したメッキ製品の重量や表面積を入れれば、必要な原材料とその価格がたちどころに表示される。それまでの三和メッキでは原材料価格と納入価格との紐付けがきちんと行われていなかったため、その部分をきちんとシステムとして作り直そうと考えたのである。

ところがこの仕事は、父親や周囲の職人たちにはさっぱり評価されなかった。業務時間中にパソコンに向かっていると、「おまえはカネも生み出さないで、パソコンで遊んでる」と言われてしまう。そこで仕方なく、夜なべ仕事でこつこつとパソコンのデータベースプログラムを組んでいると、とうとう父親に呼ばれて真顔でこう説教された。

「おまえ、ほかの客になんて言われとるか知っとるか？　『三和の息子はパソコンばっかりしてバカ息子だ』と。真剣に言うけどな、メッキの勉強を真面目にやってくれ。パソコンはせんでもいい」

それでも栄次さんはこっそりとデータベースを作り続け、二年半ほどもかかってようやく完成させた。そしてそのデータベースをもとに、再びアポなし営業を復活させた。データベースには顧客の住所や納入実績なども入力されているから、カーナビを駆使して効率の良い営業活動ができると思ったのだ。

ところが結果は、惨敗だった。何と受注は二件しか入ってこなかったのである。おまけに父からは「アポなしで取れた仕事なんて、ろくなもんじゃないな」とけなされ、さんざんな結果に終わってしまったのだった。

栄次さんはがっくりと肩を落とすしかなかった。

ところがこの時、思いも寄らない事態が三和メッキに降りかかってくることになる。バブルがはじけたのだ。

価格競争の付加価値

日本の産業界はこの時以降、長い不況の坂道を転げ落ちていく。栄次さんの会社もバブル崩壊からは逃れようもなく、業績は悪化の一途をたどった。仕事は激減し、会社存続の危機に立たされる。

一九九六年ごろには、もうにっちもさっちも行かない状況になっていた。家族会議を開いて、みんなで相談した。父母と栄次さん、栄次さんの弟が雁首を揃える。

「どうしたらいいんだろう？」

父の意向は、ただひとつだった。

「価格競争を仕掛けて、営業をがんがんやろう」

と決めたのだ。社員で担当を分け、各地に営業にまわった。栄次さんの担当は福井の隣の京都一帯だった。二トントラックを駆って二時間半かけて営業にまわった。「これは」と思う工場があれば飛び込み、取引先のメッキ会社にどんな価格で発注しているのかを聞く。「キロ六十円だ」と聞かされれば、有無を言わせず「じゃあキロ三十円で引き受けます。今すぐお願いします」と押した。そうやって仕事をさらってまわったのである。

時には朝一番で、他のメッキ会社の本社の近くに忍びより、集配にまわるトラックの後を尾行したこともあった。そうやって集配先を見つけて後から営業にまわり、「半額でやりますよ」ともちかけるのである。かなりあくどい手法だが、なりふりかまう余裕はなかったのだ。給料は遅配が続き、父や栄次さんなどの役員陣には半年間報酬が出せないほどだった。価格競争を仕掛けて無理矢理仕事を取り、売り上げはあげていたものの、利益はほとんど出ていなかった。

しかし結果的には、この激しい営業活動によって販路が広がり、会社は生きながらえることになる。おまけに時代はネットバブルに突入し始めていて、これが強い追い風になった。福井県内にある大手部品メーカーから、携帯電話のパーツをメッキする仕事が大量に舞い込み、これによって三和メッキは一気に息を吹き返したのである。

栄次さんは「ダンピングで仕事を増やしているようじゃ、先行きは危ない」と考え、

「これを機会にＩＳＯ９０００を取ろう」

と考えた。ＩＳＯ９０００というのは品質マネジメントの世界規格で、これを取得していれば、一定の規格に基づいてきちんとした品質の製品を製造しているという保証になる。

栄次さんは、

「三和メッキがこれから伸びていくためには、品質を高めていくことが大事だ」

と考えたのである。

父親に相談すると最初は、例によって「そんなものはいらん」と一蹴されたが、しかし栄次さんが工場の工程を整然とまとめ、ＩＳＯ９０００を取得することでどう仕事が変わ

るのかという文書を作って見せたところ、父親は「おもしろい」と了承してくれた。

ノウハウを共有せず

一九九九年、ISO9000シリーズの9002を無事に取得。そしてこの後、ISOを取ったことを周知しようと会社の公式ホームページを立ち上げたのが、インターネットとの出会いとなった。本当は紙に印刷したパンフレットを作りたかったのだが、知り合いの業者から、

「パンフレットは二百万円かかる。ホームページなら三十八万円でいい」

と言われ、ホームページをまず開設し、パンフレット代わりにその内容を印刷して製本することにしたのである。

そうやってホームページを立ち上げ、あれこれ調べているうちに、栄次さんはあることに気づいた。

「『メッキ』という言葉で検索しても、三和メッキの名前が出てこない！」

ホームページ制作会社に相談し、そこでキーワード広告や、ホームページを改良して検索結果ランキングの上位に入れていく手法（検索エンジン最適化）などについて初めて教え

られたのである。

これらを導入した効果は、実に圧倒的だった。全国の企業から、仕事が舞い込んでくるようになったからである。

先ほども書いたように、メッキの技術というのは職人の経験や手先に支えられている部分が大きく、ノウハウは業界内でもほとんど共有されていない。「このメッキはこのメッキ工場でなければできない」という技術、ノウハウが少なくない。

おまけに大手メーカーの側は、極秘に開発している最先端の部品や機構をメッキに出すことも多いから、メッキ工場から情報が外部に流出してしまうことを極度に警戒している。そこで地場のメッキ産業は、ほとんどが大手メーカーの下請けとなってしまい、従属関係に入ってしまうのである。

これまで取引のない大手メーカーから仕事をもらうこともももちろんあるが、そうしたメーカーの中にはひどい仕打ちをするところも少なくない。たとえばメッキ工場に発注する際、「事前に工場見学をさせてください」と持ちかけ、そのメッキ工場が持っている技術や工程をつぶさに調べ上げてしまう。そうやってノウハウを吸い上げて、ある程度時間が経った段階で契約を打ち切り、すべて内製化してしまうのである。もちろん、その方がコストが安くすむからだ。

そんなケースが相次いで起きるから、ますますメッキ工場は見知らぬ取引先とは接触したがらなくなる。

秘密保持契約を結ぶ

ところがこのひどい構造を分析してみると、ひとつのニッチな市場が存在することに気づく。それは何かというと、東京にある企業の研究施設のメッキのニーズである。

東京の研究施設は、地方にあるようなメッキ工場との強い絆は持っていないことが多い。しかしかといって、都内にある一般のメッキ工場に仕事を出すと、その工場から他のメーカーに企業秘密が漏れかねないという不安がある。

そこで東京の研究施設はどこも、情報漏洩の心配なしにメッキをしてくれる業者を探し求めることになる。

そのニーズに、キーワード広告を展開していた三和メッキ工場がどんぴしゃりとはまったのだ。

東京の大手メーカーの研究施設などから、三和メッキに仕事がどんどん入ってくるようになった。

栄次さんが苦労して、メッキに関するQ&Aというコーナーをホームページ内に設けたことも大きかった。研究施設などでは、自社で開発中の部品をどうメッキしようかと悩み、研究者がグーグルなどを使ってあれこれと情報収集をする。メッキに失敗してうまくいかない場合など、その理由を知りたくてわらをもつかむような思いなのだ。

栄次さんが作った「よくあるご質問」というコーナーには、そうしたメッキの技術のノウハウが事細かに書いてある。他のメッキ会社のホームページにはないコンテンツで、これが受け入れられた。研究者の側から見ると、

「ここだったら今までメッキに失敗していた理由を教えてくれるんじゃないか」

と思えたからである。そのうち、

「東京に来て、ぜひうちの製品を見てメッキの可否を判断してほしい」

という依頼もどんどん舞い込んでくるようになる。そのたびに栄次さんは東京に出向いて担当者と会い、自慢の営業力を生かして契約に結びつけた。

「顧客企業から見ると、機械が動いている動作を実際に見てメッキ屋に判断してもらいたいという気持ちがあるんでしょうね。情報漏洩については心配されないように、秘密保持

契約を結んでいます」

と栄次さんは言う。

この手法は、まさにロングテールである。

地場の大手メーカーと手を結んで大量に契約するのが、従来の「ヘッド（頭）」の部分のニーズだとするならば、研究施設や工場などから小口のメッキを受注し、それらを次々とこなしていくというニーズは、新しいロングテールそのものだ。

「個人メッキ市場」という尻尾

栄次さんは二〇〇四年初めから、さらに新しいビジネスも始めた。一般消費者向けのメッキサービスをスタートさせ、それ専用のホームページを開設したのである。

ホームページの名前は、

「必殺めっき職人」

という。こんなキャッチコピーが書かれている。

〈自動車・バイク・自転車・ホビー・インテリア・アクセサリーなどのパーツを「めっき職人」がめっき（メッキ）、塗装、バフ研磨加工でサポートします〉

栄次さんは「遊び半分で始めたんです。それまで法人向けの仕事しかしていなかったから、個人向けの仕事もできるかなと思ったのがきっかけ」と言う。

そしてこのサービスは、一部の消費者から大受けした。受け入れられたと言っても、もちろん巨大な「個人メッキ市場」が出現したわけではない。必殺めっき職人に依頼してくる個人は、車やバイク、モデルガンなどのマニアで、これまで「このパーツをどうしてもメッキしたいけれども、どこに頼めばいいのか分からない」と悩んでいた人が、キーワード広告で必殺めっき職人のホームページを見つけ、次々に注文してくるようになったのである。

全国には、このように「メッキをしてほしい」と思っていた人が少なからずいる。しかしその数はおそらく全国民との人数比で言えば圧倒的に少数で、「マス」と言えるほどの人口はない。しかし一定のニーズは存在しているから、比較的小さな市場としては成立している。いくつかの小規模なメッキ会社が収入としていくのに、十分な規模なのだ。

ニッチな顧客に届く

第二、第三章で、山崎夫妻の経営する羽田空港近くの民間駐車場の話を書いた。羽田で

民間駐車場を借りようと思う人はあまり多くはなく、

「羽田直近か、羽田から遠い関東地方に住んでいて」

「格安チケットを使ってできる限りカネをかけないですまそうと考えている人」

というのが山崎夫妻のターゲットとする顧客層だと説明したのを、覚えておられるだろうか。

栄次さんの目標としたターゲットも、同じようなものである。

「企業の研究施設などで、企業秘密を保持しながらメッキを依頼してくるところ」

「車やバイク、モデルガンにメッキをしたいと考えている個人」

という二種類の顧客だった。そしてこれらの少数な顧客は全国に散らばっていて、これまでのテレビコマーシャルや雑誌広告のようなマス媒体ではオーバースペックだし、かといって会社の近所に新聞折り込み広告をばらまくだけでは、全国に散らばる顧客層をとうていカバーできなかった。

そんなときに栄次さんはキーワード広告と出会い、キーワード広告がこれらのニッチな顧客にダイレクトに届くことに気づいたのである。

ここで、この章の冒頭の説明を思い出していただきたい。

栄次さんが言っているのはつまりはまさしく、「ロングテール現象」を利用したサーチエコノミーだったのである。

父和夫さんは最近になってようやく、栄次さんの奮闘を認めるようになってきた。インターネットやホームページにはとんと興味はなかったのだが、そんな父親も変わりつつある。つい先日も、栄次さんは父からこう言われたという。

「『メッキ』で検索すると、三和メッキが一番上に出てくるんだってな。おまえ、すごいじゃないか」

Google

CHAPTER 5

すべてを選別していく

検索

〈わたしはユービックだ。この宇宙の始まる前からわたしは在った。わたしは多くの太陽を創った。多くの世界を創った。生き物とそれが住む場所を創った。わたしは彼らをこちらへ動かし、あちらへおく。彼らはわたしのいうままに動き、わたしの命ずることをする〉

『ユービック：スクリーンプレイ』(フィリップ・K・ディック著、浅倉久志訳　ハヤカワ文庫 2003年)

ロングテールがいかにして、世界の経済を根底からひっくり返そうとしているかがわかっていただけただろうか。

そしてこのロングテールを最大限に活用し、自社の収益につなげているのがグーグルという企業なのである。

以前の検索エンジンは、ヤフーやＡＯＬ、ＭＳＮなどといったポータルサイト（総合ホームページ）のおまけツールとしてしか認識されていなかった。

だからグーグルも設立当初は、「いまさら検索エンジンだなんて、儲かるわけがない」と周囲からは見られていたのである。

繰り返しになるが、グーグルはサーゲイ・ブリンとラリー・ペイジというスタンフォード大の大学院生二人が一九九八年に設立した。当時、すでに検索エンジンの会社はたくさんあって、二人がどこの投資家をまわっても「今さら検索エンジンでもないだろう」と受けは良くなかった。

莫大な利益の逸失

たとえばベセマー・ベンチャー・パートナーズというアメリカの有名ベンチャーキャピタル幹部は、後にこんな話を同社のホームページで紹介している。

〈私の大学時代の友人の女性が、自宅のガレージをサーゲイとラリーに貸していた。ちょうど彼らがグーグルを設立したばかりの年である。一九九九年から二〇〇〇年にかけて彼女は、「検索エンジンを開発してるすごく頭のいいスタンフォードの学生がいるのよ」と私に話し、二人を紹介しようとしていた。学生？ 検索エンジン？ 冗談じゃない。私は、彼女にこう言って断った。「ねえ、君の家からガレージの近くを通らないようにして外に出る方法を教えてくれる？」〉(http://www.bvp.com/port/anti.asp)

ベセマーはグーグルに投資しなかったから、莫大な利益を逸してしまったことになる。この反省を、同社はホームページに正直に書いているのである。

しかし理解のない投資家たちの予測に反し、二人は「ページランクテクノロジー」という技術でグーグルの検索エンジンを一流のものにし、人々の人気をさらった。大手ポータルサイトのヤフーがグーグルの優秀さに目を止め、自社の検索エンジンに採用してからは、ますます利用者が増えた。

しかしこの段階では、グーグルの検索エンジンは単なる「便利なツール」でしかなかった。カネを出しているヤフーにとっても検索エンジンはオマケの域を出ていなかった。グーグル自身もカネ儲けがうまくいかず、にっちもさっちもいかない状況になっていた。

前掲の『ザ・サーチ』には、そのころの状況がこんなふうに描かれている。

〈収益向上につながる具体的な経営戦略は、二〇〇一年初めまでまとまらなかった。「なにを収入源にするか、役員会は本当に頭を悩ませていました」とシュリラムは語る。「どうしてもビジネスモデルを作り上げることができなかった」とモリッツ。「非常に厳しく思える時期もありました。わたしたちは無駄金を使っていました。業界もそっぽを向くようになっていました。大型の契約を交渉することなど、ほとんど不可能でした。一九九九年も無為に流れてゆき、収入の道も見えないまま資本を食いつぶしていました。本当に行き詰まっていた。グーグルが得る利益は、ヤフーのような巨人に比べれば微々たるものでした。（以下略）」〉

シュリラムとモリッツというのは、当時グーグルに関わっていた人物である。

その危ういグーグルが大きく変わるきっかけになったのは、第二章でも書いたように、ビル・グロスの発明がきっかけだった。

先見の明があるグロスは、検索に使われるキーワードにたいへんな価値があることに気づいた。そしてこの価値を「キーワード広告」という広告モデルに昇華させ、現実のビジネスにすることに成功したのである。

「アドセンス」の投入

第二章で書いたキーワード広告はそれまでのダメなインターネット広告を一掃し、「良質な広告」としてクライアント、ユーザーの双方から絶賛され、受け入れられた。

そしてグロスのキーワード広告をグーグルはこっそりと真似て作り、アドワーズという広告をスタートさせた。

このアドワーズもやはり巨大な収益を上げるようになり、そしてグーグルは一時の苦境から完全に脱し、マイクロソフトやヤフー、インテルなどとならぶ巨大ＩＴ企業へと変貌

人気ブログ「ネタフル」の表示例（画面5-1）

する。

そしてアドワーズで急成長したグーグルは、二〇〇三年にはあらたな広告サービス「アドセンス」を投入した。

アドセンスというのは、個人のホームページなどに広告を配信するサービスだ。ホームページを持っている人がアドセンスに申し込むと、広告がグーグルから送られてくる。その広告を自分のホームページに貼り付けるように設定しておくだけで、広告は新しいものに自動的に更新されていく。たとえば画面5―1は、「ネタフル」という人気ブログの画面だ。画面左側に比較的小さな文字で「動画配信サービス」「クリエイターのお仕事情報」といった広告が表示されているのがわかる。これがアドセンスだ。

文章だけの小さな広告で、「本当にこんなものに広告効果があるのか？」といぶかしく思う人もいるかもしれない。しかしこのアドセンスにも、グーグルの驚くべき技術がふんだんに使われている。

アドセンスは、「コンテンツターゲット広告」という呼び方もされている。ホームページのコンテンツに合わせて、その内容と関連性の高い広告を表示する仕組みになっているからだ。

たとえば自動車について書かれたブログであれば、自動車のディーラーや自動車用品店の広告が表示される。アジアンリゾートについて旅行マニアが書いたホームページだったら、バリ島やプーケットの格安ツアーの広告が表示されるというわけだ。この関連づけはグーグル得意の計算式（アルゴリズム）によってすべて行われており、人間の手はいっさい介していない。

驚くべきことに、この小さなアドセンス広告も圧倒的な広告効果をつくりだした。そして莫大な収益を、グーグルにもたらしたのである。アドセンスは、アドワーズに近い売上高を上げているとみられている。

たとえばグーグルの二〇〇五年第三四半期決算を見ると、売上高十五億七千八百四十五万六千ドルのうち、アドワーズとアドセンスの合計額が十五億五千九百六十九万一千ドルにも上っている。実に九八・八パーセントを、この二つの広告が占めているのだ。AOLなどへの検索エンジンを提供したことによる売り上げは千八百七十六万五千ドル、わずか一パーセント強に過ぎない。

「巨大な広告代理店」

多くの人は、グーグルを「検索エンジン企業」だと思っている。しかしいまやその考え方は、誤っているかもしれない。収益構造を見る限り、グーグルは、

「巨大な広告代理店」

になりつつあるのだ。

第一章で、グーグルが次々と無料サービスを打ち出し、既存のビジネスを破壊しているると書いた。

実はグーグルは、これらの無料サービスを広告で維持しようとしている。アドワーズと

アドセンスによって莫大な収益をあげ、そのあふれんばかりのマネーを使ってありとあらゆる産業に打って出ようとしているのだ。

それが第一章で書いたグーグルの「破壊戦略」の本質である。キーワード広告で武装したグーグルは、新たな存在へと脱皮し始めている。単なる検索エンジン企業ではなく、あらゆるビジネスの「破壊者」となったのだ。

グーグルがどのような破壊を行いつつあるのかは、第一章で説明した通りである。グーグルニュースは新聞社のビジネスを破壊し、グーグルネットは通信企業のビジネスを破壊し、そしてまだ登場はしていないが、「グーグルオフィス」はマイクロソフトの収益源を奪い取る可能性を秘めている。

収益基盤の二重構造

その背景には、アドワーズとアドセンスという確固とした収益モデルがある。だからこそ、無線インターネット接続やオフィスソフト、案内広告(クラシファイド)などの新しいビジネスもどんどん無料で提供していくことができるわけだ。

いわばグーグルのビジネスは、こんな二重構造になっている(次頁図5-1)。

グーグルのビジネス構造（図5–1）

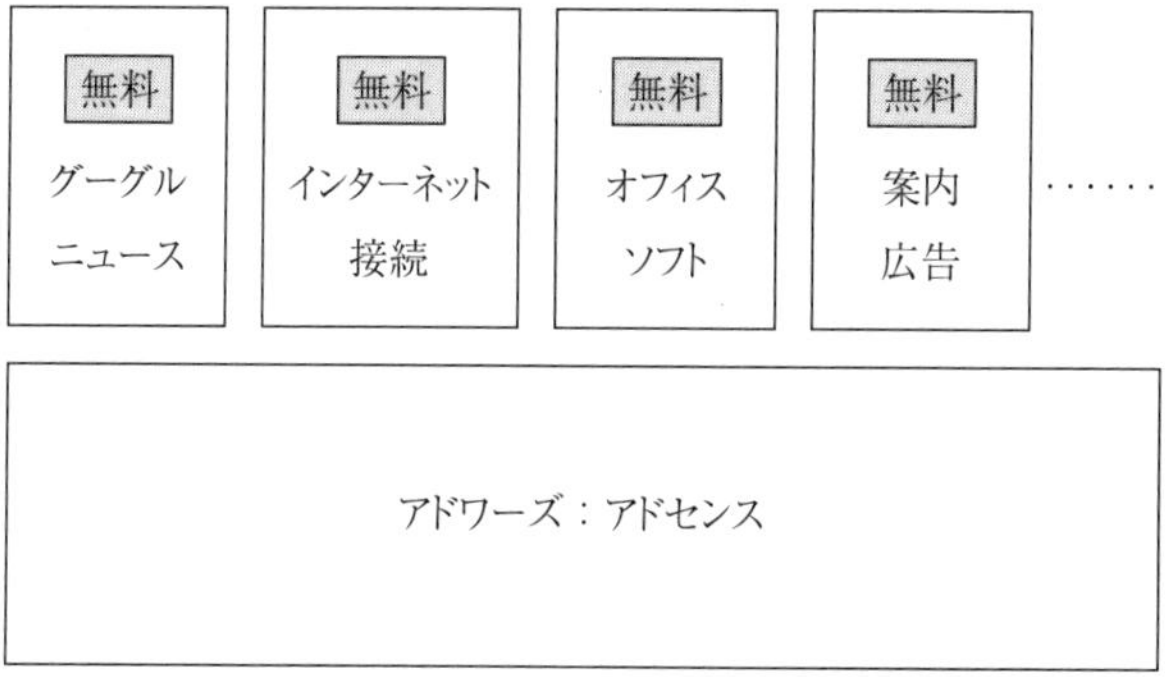

無料ビジネス（上部）はアドワーズ（下部）の莫大な収益に支えられている

従来からのインターネット接続やオフィスソフト販売、案内広告ビジネスなどを行っている既存の企業は、図の下部に位置するような収益基盤を持っていない。アドワーズやアドセンスによる収益の支えによって無料の「破壊戦略」を展開しているグーグルに、勝てるわけがないのだ。

ではグーグルは、いったい何のためにそれらの「破壊戦略」を展開しようとしているのだろうか？

それは、グーグルが無料サービスを使って、ありとあらゆる場所に広告をはめ込んでいこうという戦略を持っているからだ。

第一章で説明したグーグルネットとグーグルベースを思い出してほしい。無料のインターネット接続サービスであるグーグルネットを提供することで、利用者がどの住所地からアクセスしているのかをグーグルは把握することができる。そうすればその利用者がインターネットを利用するたび、地域密着型の広告を送り込むことができる。

コンテンツに広告掲載

グーグルベースにも、個人が発信する案内広告以外に、自動的に企業の広告を表示させることができる。最近はグーグルはアドセンスを発展させ、紙の雑誌に広告を配信するサービスさえはじめている。ありとあらゆるメディア、コンテンツに広告を掲載することをグーグルは狙っているわけだ。

無料であっても、効率的な広告をそこにはめ込んでいくことができれば、安定的な収益を上げることが期待できるようになる。

それどころか、広告を掲載する媒体は多ければ多いほど収益も大きくなる。つまりはグーグルの戦略は、こういうことなのだ。

「いかに多くの媒体を獲得し、それらの媒体にいかに多くの広告を表示するか」

というものだ。

従来の広告代理店は、大手企業からできるかぎり広告をたくさん集め、できるだけ高価な媒体に売るというのが最高の戦略だった。全国ネットワークのテレビのゴールデンタイムで高い視聴率を誇る人気番組に、トヨタ自動車や資生堂、松下電器産業といった誰でも知っている超優良企業のテレビCMを売るというのが、もっとも主要なビジネスだったのである。これは電通にしろ博報堂にしろ、あるいは他の大手広告代理店でもその戦略はほとんど変わらない。だから広告代理店の社員にはインターネットが登場してきたときも、

「あんな単価の安い、つまらない広告は王道ではない」

と言ってはばからない人は少なくなかったし、現在でもネット広告の担当者は大手広告代理店の中では比較的低い地位に見られてしまっている。またその態度は広告主に対しても同様で、大手代理店は地方の小さな店舗や零細企業などはほとんど相手にしていない。前章で紹介した三和メッキ工業のような会社は、大手代理店の扱う分野ではなかったのだ。

塵も積もれば山以上

ところがグーグルはその常識を、根底からひっくり返した。

「少数の大手広告主ではなく、膨大な数の地方の零細企業」

「テレビや有名雑誌などの高価な媒体ではなく、ささやかな個人のホームページや検索キ

ーワード」

という転換を果たしたのである。

これはまさに前章で書いた「ロングテール」的な考え方だ。塵も積もれば山となる、と言い換えてもいいかもしれない。今まではみんなが、

「塵なんかゴミだ、山を狙わなければならない」

と言っていたのが、グーグルは、

「いや、山なんか手に入れなくてもいいんだ。塵をたくさん集めていけば、じゅうぶんに山以上の存在になれるんだから」

と人々に発想の転換を迫っているということなのだ。

いずれにせよ、そうやってグーグルは塵を集め、その結果として莫大な広告料を手にすることができた。

そしてグーグルはそれら広告料金による圧倒的な資金力にものを言わせ、次々と無料のサービスを立ち上げることになる。そしてそれらの無料サービスが、最終的にはすべて広告の媒体となっていくのである。

しかしこの戦略は、単なる一企業の戦略にとどまらない。グーグルがこうした戦略を採ったことによって、インターネットの世界も大きな影響を受けるようになったからである。グーグルがアドセンスとアドワーズによって作り上げつつある、インターネット世界の変質がある。

広告媒体の爆発的増加

先ほども書いたように、グーグルは広告モデルをアドワーズからアドセンスへとさらに拡大した。これによってグーグルが持つ広告モデルの意味はさらに広がり、インターネット世界への影響もさらに深化した。

いったい何をどう変えたのだろうか。

広告主にとっては、アドセンスが登場したことで、広告を表示できる媒体が爆発的に増えた。

これまでインターネットの広告といえば、ヤフーなどの大手ホームページに高いカネを払ってバナー広告を載せるか、あるいはグーグルやヤフーの検索エンジンでキーワード広告を買うしかなかった。媒体は限られていたのである。

ところがアドセンスは、個人のホームページに広告を掲載することを可能にした。個人のホームページはブログなども含めれば、世界中に無数に存在し、その数はますます増え続けている。これらのホームページすべてにアドセンスによって広告を表示できるようになれば、その広告効果は計り知れない。

一方、ホームページを運営している個人にとっては、少なからず広告収入が期待できるようになる。これまでインターネットのホームページで一般的だったバナー広告は、企業などが開設する大手ホームページにしか配信されていなかった。アクセス数が多いポータルサイトや大企業の公式ホームページでなければ、広告効果が期待できないと思われていたからである。

ところがアドセンスによって、個人のホームページにも広告を表示することができるようになった。しかも広告の内容は、ホームページに書かれているコンテンツに沿って自動的に更新される。運営者個人は何も努力しなくても、好きなことを書いて人々に発信しているだけで、広告収入を得られるようになったというわけだ。

これは大きな可能性を秘めている。

なぜなら、このアドセンスの登場によって、個人のホームページは初めて収入を定期に得ることができるようになり、「情報を発信する」「インターネット上で文章を書く」という行為に対して、報奨金が与えられるようになったからである。

情報交換する「土俵」

これによって、ますますインターネットの双方向性は高まることになった。個人も企業も非営利組織も政府も、いずれも同じ土俵でホームページを作成し、情報発信し、お互いに情報を交換するような「土俵」ができあがってくることになったのだ。

振り返ってみれば、インターネットは一般社会に出現した一九九〇年代半ばから、「双方向のメディアだ」と言われ続けてきた。

しかし現実には、必ずしもそうではなかった。

ホームページ文化の中心は大企業やマスコミとなり、個人の運営するホームページは大きな力を持つには至らなかったのである。つまるところ新聞やテレビ、雑誌などの従来のマスコミと同じように、インターネットも「片方向」になってしまっていたのだ。理由はさまざまあるが、ホームページを持つということに対する技術的なハードルが高かったことが大きかったと考えられている。要するに、素人にはホームページ開設は敷居が高かったのである。

そうした状況が劇的に変わってきたのは、二〇〇二年ごろからだった。

ブログが出現したからである。

ブログというのは「簡易型ホームページ」「日記型ホームページ」などと日本語訳されている。「ウェブログ」の意味で、直訳すれば「ホームページ日記」だ。専門知識がなくても、ブログのサービスを利用すれば、誰でも簡単にホームページを持てるようになったのだ。

アメリカで、ブログが世間に最初に認知されるようになったのは、二〇〇一年のことだとされている。きっかけは、同年九月十一日の同時多発テロだった。この事件をきっかけに、アメリカ国民の間に「テロに対する自分の意見を言いたい」「お互いの気持ちを交換したい」という情報発信に対する熱望が広範囲に巻き起こった。そしてホームページやネット掲示板などで政治的な意見を発信する人々が急増し、ある種の「インターネット論壇」のようなものを形成するようになったのである。

ちょうど同じころ、サンフランシスコで「ムーバブルタイプ」というソフトが生まれた。

このソフトを開発したのは、ミナ・トロットとベン・トロットという夫妻である。トロット夫妻の作ったムーバブルタイプは、ブログを簡単に開設することのできるソフトだった。

インターネット大陸

日記を書くソフトは以前から存在していたが、他人の日記に対してコメントをつけ加えたり、あるいは過去の日記の蓄積を簡単に検索して閲覧できるような使いやすいソフトは皆無だった。妻ミナは自分でブログを書こうと考えていて、

「もっと使いやすいソフトはないの？」

と夫のベンに相談し、プログラマーだったベンがムーバブルタイプの最初の版を作り上げた。そしてこのソフトが二〇〇一年秋、無料で公開されると、クチコミによって人気が高まり、あっという間にインターネットの世界に広がってしまったのである。

ムーバブルタイプは、いろんな意味で革新的だった。しかしもっとも革新的だったのは「トラックバック」という仕組みを持っていたことだった。

トラックバックというのはもともと映画の現場で使われている用語で、カメラが後ろに下がりながら被写体を撮影することだ。

ブログのトラックバックというのはまさにこのイメージをうまく使ったもので、誰かがブログ上で別のブログにリンクを張った際、その相手のブログにも「リンクを張りましたよ」というメッセージが表示される仕組みだ（次頁図5-2Ⓑ）。つまりはブログ同士がお互いにつながりやすくなり、意見交換が活発にできるようなしくみを用意したのである。

これによって、インターネットの世界は大きな影響を受けた。それまで「インターネット大陸」の狭間にあって孤立していた個人のホームページが、急速に他のホームページ群とつながるようになったのである。

インターネット大陸というのは、アルバート＝ラズロ・バラバシという米ノートルダム大の教授が、『新ネットワーク思考――世界のしくみを読み解く』（NHK出版、青木薫訳）という自著で説明したインターネット世界の構造のことだ（百七十四頁図5-3）。

ヤフーやMSNなどの巨大ポータルサイトで形成されている中央大陸が真ん中にあり、その両側にIN大陸とOUT大陸がある。IN大陸はポータルサイトへのリンクが張られているサイト群で、たとえば人気のある個人のホームページなどがそうだ。そうしたホームページにはヤフーやMSN（中央大陸）へのリンクが張られているけれども、ヤフーやMSNからはそうした個人ホームページにはリンクが張られていないから、逆に戻ること

ホームページのリンク例（図5-2 Ⓐ）

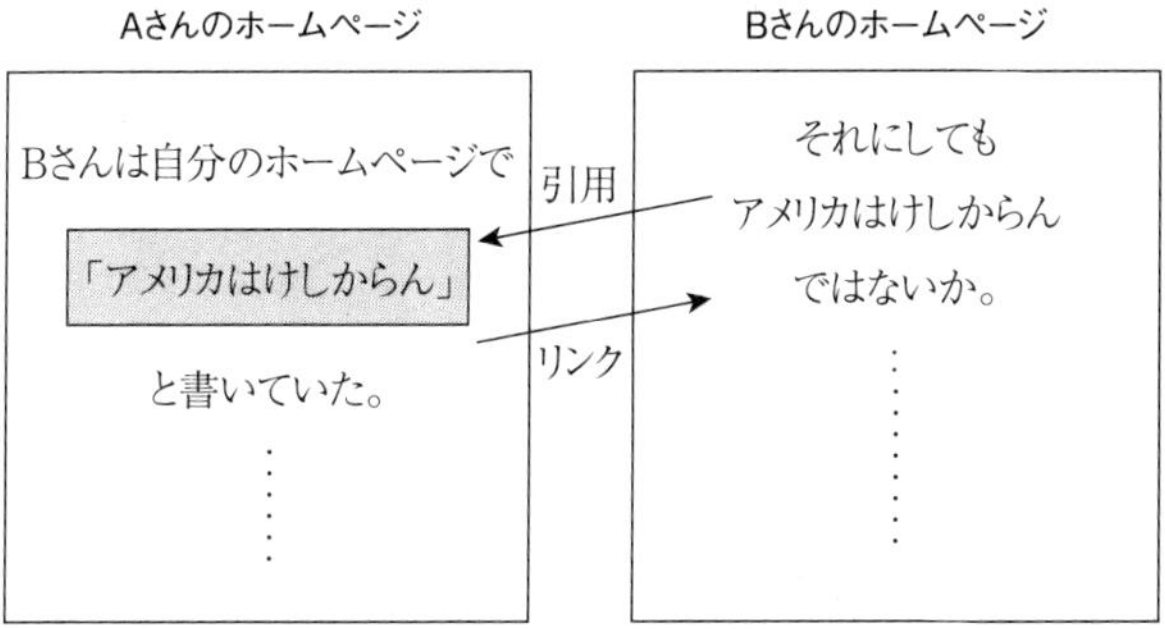

従来のリンクでは、Bさんのホームページを見ただけでは Aさんが引用しているのはわからなかった

ブログのトラックバック例（図5-2 Ⓑ）

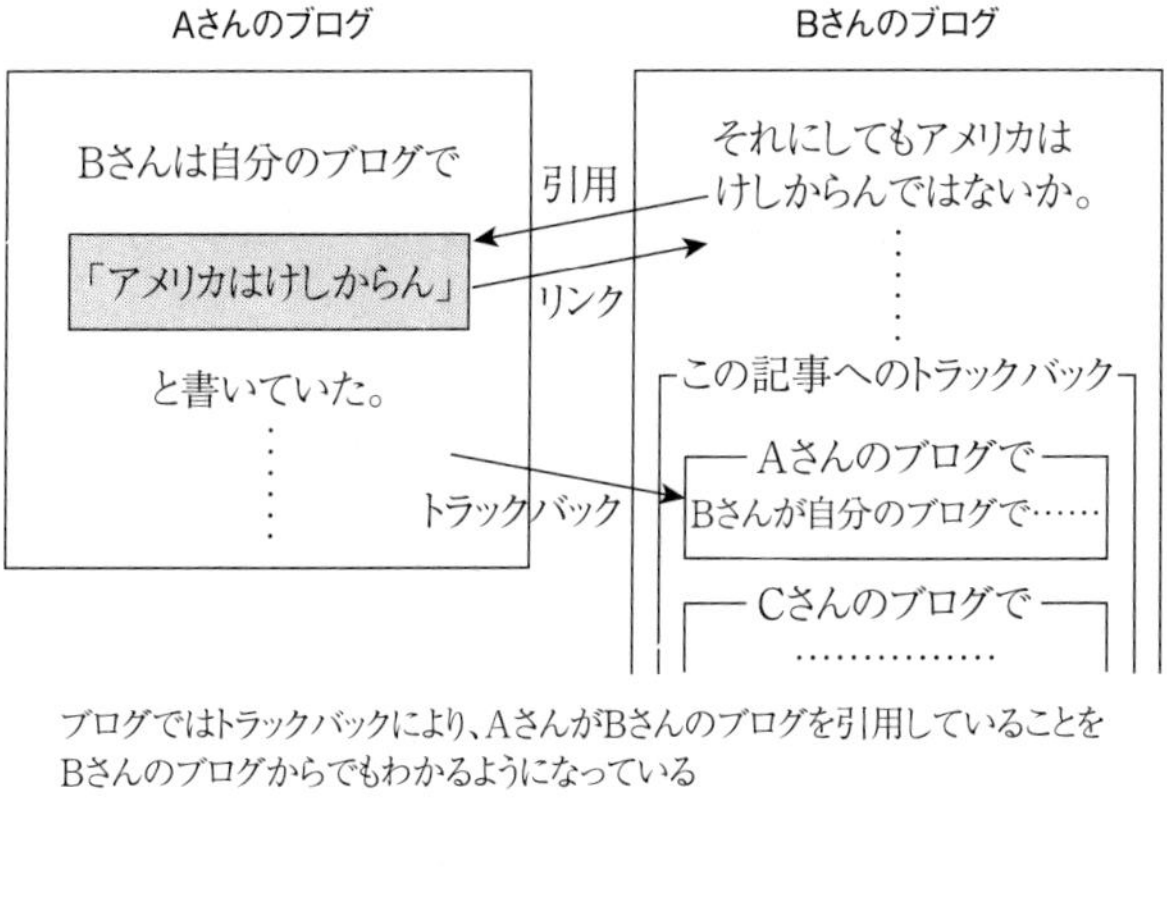

ブログではトラックバックにより、AさんがBさんのブログを引用していることをBさんのブログからでもわかるようになっている

インターネット大陸の概念（図5-3）

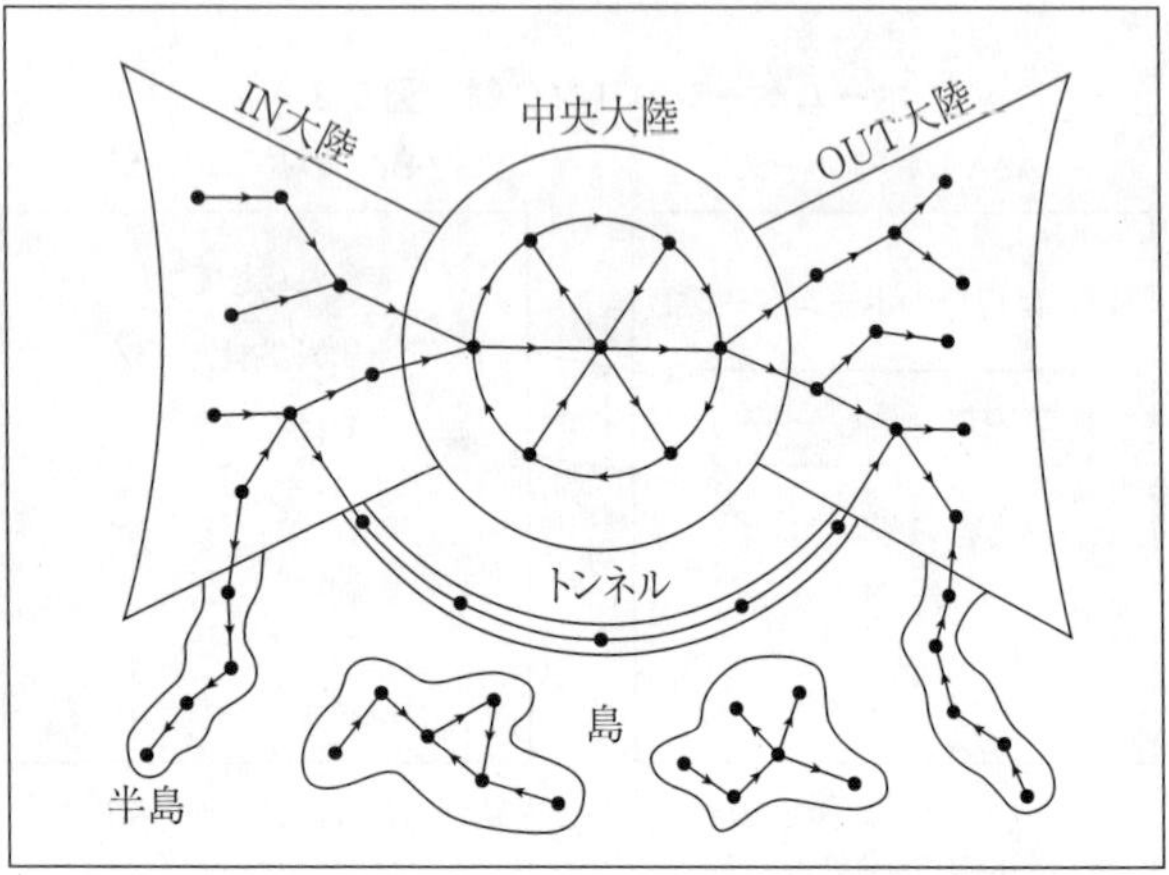

『新ネットワーク思考——世界のしくみを読み解く』（NHK出版）より

はできない。

またＯＵＴ大陸はポータルサイトからリンクされている企業などのサイトで、中央大陸からはたどり着くことができるけれども、いったんＯＵＴ大陸に入ってしまうと、そこから中央大陸に戻ることはできない。ヤフーでは企業サイトが紹介され、リンクが張られているが、企業サイトからはヤフーにリンクが張られていないからだ。

四分の一が孤立した島々

そしてこれらの大陸以外に、大陸とリンク関係がない孤立した島々がある。どこへもリンクが張ってなく、そしてどこからもリンクが張られていない。どこにでもあるような個人のホームページは、ほとんどがここに含まれる。

そして世界中に存在するホームページの四分の一は、これらの孤立した島々になっていると考えられている。

前掲の本で、バラバシ教授はこう書いている。

〈現実には、すべてのウェブページが互いに連結されているわけではないのだ。どのページから出発しても、到達できるのは全ドキュメントのわずか二十四パーセントほどにすぎず、残りのページにはサーフィンによってはたどり着けないのである〉

インターネットは双方向だと言われ続けながら、実はまったく双方向ではなかった。双方向どころか、大半の個人のホームページが孤立してしまっていたのが実態だったのだ。

そしてこうした孤立が生じてしまったのは、インターネットのホームページにおける「リンク」というシステムが、常に一方向だったからだ。

そこに登場してきたのが、ブログだった。ブログは先ほども書いたように、「双方向リンクシステム」

とでも呼ぶべきトラックバックという仕組みを備えていた。これによって世界中のホームページはお互いにつながり合うことが可能になった。

つまりは孤立していた島々が、トラックバックによって中央大陸やOUT大陸ともつながることが可能になったのである。これはネット世界のあり方を根底からひっくり返す、新たなパラダイムの出現だった。

ブログの持つ重要性は、トラックバック以外にもあった。

それはブログに書かれた記事は、検索エンジンにとても検索されやすいということだった。わかりやすく言えば、ブログの日記や記事は一本一本が独立したホームページのような形式になっている。検索エンジンはこうした構造のホームページを好むから、結果的に検索エンジンにブログは引っかかりやすい。個人のブログに書かれた内容であっても、企業のホームページと同じ程度に検索エンジンに取り扱われるようになったのである。

ブログという社会革命

従来はたとえば「自動車」というキーワードで検索すれば、大手自動車メーカーやディーラーなどの企業ホームページが検索結果ランキングの上位を占め、個人のホームページがランキングに入り込む余地は、ほとんどなかった。ところがブログ時代になって、企業ホームページと並んで、個人のホームページも検索結果ランキングの上位に入るようになってきたのである。

こうした劇的な変化によって、ブログは無視できないほどの規模と質を兼ね備えはじめた。社会に対して、大きな影響を与える存在になってきたのである。

そしてこの傾向は、グーグルによって、さらに加速させられた。

グーグルが高性能な検索エンジンを提供したことによって、ブログは企業やマスコミの大手ホームページと、同じ力を持つようになった。

なぜなら、以前は大手ホームページを最初に見ていた一般利用者が、検索エンジンをナビゲーション（道案内）に使ってあらゆるホームページを検索するようになったからである。検索エンジンで検索するという行為の中では、大手ホームページも個人のブログも、ほぼ等価値に扱われる。

さらに加えて、アドセンスによって個人のブログは収益構造を持つことができるようになり、個人のホームページやブログは、企業やマスコミなどの大手ホームページとほぼ同じ立ち位置を持つに至ったのである。

これはインターネットによる社会の革命である。

いまや世界はどんどんフラットになり、すべての情報、すべての記事、すべての日記が、大手メディアに書かれたものであるか、それとも個人によって書かれたものであるかにかかわらず、同一平面上で語られ、利用されるようになりつつある。

この流れは、現実にインターネットのビジネスの傾向にも影響を与えている。決して机上の空論にとどまるような、観念的な話ではないのだ。

「勝ち組」がとった戦略

いったん歴史を振り返ってみよう。

一九九〇年代半ばにはじまったインターネットのビジネスは、最初は法人向け事業（B2B）が中心だった。企業のホームページを作成したり、企業のオフィスにあるパソコンやサーバーコンピュータをインターネットに接続したり、あるいは企業の顧客データベースを預かって運用するデータセンターといった事業である。当時はまだ企業がIT化されていなかったから、こうした企業向けビジネスが大流行したのも当然だった。

一方でこの当時、一般消費者向け事業（B2C）に取り組んだベンチャー企業も多かった。オンラインショッピングや映像配信などだ。ところがヤフーなどの一部の例外を除けば、多くが敗退してしまった。

なぜかといえば、まだブロードバンドが普及せず、インターネットを普通の人が自由に使える環境が当たり前になっていなかったからだ。細い電話回線でいちいちネットにつなぎ、しかもそのたびに三分十円ずつ課金されていくというようなありさまでは、消費者が気楽に使えるというのにはほど遠かったのである。

実のところ、楽天やライブドア、サイバーエージェント、GMOインターネットなど当時急成長を遂げ、その後「勝ち組」と称されるようになったベンチャー企業の大半は、当時B2Bを中心に手がけていた。このあたりの戦略の違いが、その後の命運を分けたのである。

ところが二〇〇一年ごろから二〇〇二年ごろになると、企業向けのB2Bビジネスは少しずつ儲からなくなっていく。「二〇〇〇年問題」で企業がどこもパソコンやサーバーコンピュータを買い換え、さらに企業の公式ホームページ開設も一通りすんだことから、需要が一巡してしまったのだ。このため法人向け市場の成長は踊り場を迎え、どのネット企業も九〇年代のような急成長は望めなくなった。

それと時を同じくするように、二〇〇二年ごろからブロードバンドが普及してきた。牽引力となったのは、二〇〇一年にスタートしたソフトバンクのブロードバンドサービス「ヤフーBB」だった。当時まだ他のブロードバンド接続が月額六千円前後と高止まりしていたのに対し、ヤフーBBは月額二千数百円という思い切った安値で市場に参入し、これが消費者に受け入れられた。一気に加入者は増え、ヤフーBBに引きずられるかたちでNTT東西など他の通信会社やプロバイダもブロードバンドの料金を値下げし、それによって日本のブロードバンドは一気に普及した。

ライブドア事件の背景

そしてこの結果、消費者向けのB2Cビジネスが一気に花開くようになったのである。だれもがごく普通にオンラインショッピングを楽しみ、インターネット経由で映画などのコンテンツを鑑賞し、インターネット経由のIP電話で友人や家族と話すようになった。

これによって従来からB2Cビジネスを手がけて成功していたヤフーは、ますます売り上げを伸ばすようになり、ヤフーには大手自動車メーカーや化粧品会社などの超有名企業が続々と広告を出すようになった。「ヤフーは多くの人をひきつけている」と大企業に認知されるようになったからだ。

ちなみに先に堀江貴文前社長が逮捕、起訴されてしまったライブドアも、この時代の移り変わりを敏感に察知し、B2BからB2Cへと転換した。同社はもともとホームページ作成を主な事業にしていたが、ポータルサイトの「ライブドア」を開設し、二〇〇四年春ごろから消費者向けビジネスに舵を切ったのである。同社は先を行くヤフーに対する「追いつけ、追い越せ」路線を全面展開し、かなり無理をしながらサービスのラインアップを広げていく。この無理が徐々に経営戦略の亀裂となり、結果的に粉飾決算や偽計取引へと走ってしまった――というのが、二〇〇六年初頭に起きたライブドア事件の背景にあった構図である。

ポータルビジネスというのは、企業にとってはとてもつらい事業だと言われている。知名度を必死で上げて集客しなければいけないし、そうやって集まってきたお客さんに対しては、さまざまなサービスや製品のラインアップを豊富に取りそろえて楽しませなければいけない。そうしなければ大量の顧客を集めることはできないし、せっかくいったん来てくれた顧客にもすぐに飽きられてしまうからだ。だからポータル運営というのは人員もコストもたくさん必要で、非常につらく、厳しいビジネスなのである。

ポータルをゼロから始めようとしたライブドアは、このために事業会社をたくさん買収しなければならず、莫大な資金も必要とした。それが事件を生む土壌になったと筆者は考えている。ポータルというのはゼロから始めるのには、かなりリスクの高いビジネスなのだ。

これは楽天やヤフーなど、一見好調に見える企業にとってもまったく同じことが言える。楽天は、日本興業銀行のエリート銀行マンだった三木谷浩史社長が一九九七年に設立した。当初三木谷社長は、「地ビールが美味しいレストラン」「天然酵母のパン屋フランチャイズ」「インターネットショッピングモール」という三つのビジネスモデルを検討したが、その中から将来性を考えてショッピングモール事業を選んだという。このショッピングモール「楽天市場」がベースとなって、現在のような巨大ポータルサイトへと進化してきたのである。

B2Cか、B2Bか

楽天が成功した要因は、次の二つだったと筆者は見ている。ショッピングサイトをつくって何かを売るのではなく、ショッピングサイトにホームページの場所を提供する「ショッピングモール」というビジネスモデルを選んだこと、ショッピングモールの出店料に従量制ではなく定額制を設定し、地方の中小店舗でも簡単に出店できるようにしたことである。

九〇年代当時は先ほども書いたように、B2C市場は未発達だった。そこで楽天は、一見消費者向けのビジネスに見えながら、実はB2Bであるショッピングモールというビジネスモデルを選択した。消費者ではなく、企業を取引先にすることで、うまく収益を上げることができたのである。

実際、楽天が打ち出した「ショッピングモールへの出店料月額五万円」という値段は、全国への販路を持っていない地方の中小企業を魅了した。複雑な流通を経由せず、地方の地場産業と消費者を直接結びつけることができるというインターネットの最大のパワーである「中抜き」が、五万円という低価格サービスと結びつき、一気に楽天のビジネスを拡大することになったのだ。

サービス開始から間もない一九九八年末にはわずか約三百店だった出店数は、現在では五万店舗を超え、この分野では他社の追随を許さない圧倒的なガリバーにまで成長した。そして証券会社やネット旅行代理店などを次々と買収し、二〇〇五年にはついに巨大放送局TBSに買収を仕掛けるまでになったのだ。この買収は結果的には失敗に終わりそうだが、翌二〇〇六年二月に発表した二〇〇五年十二月期の連結決算では、売上高を前年同期比二・八倍の一二九八億円にまで伸ばしている。

さらに凄いのは、ヤフーである。

ヤフーの集客力は、楽天やライブドアなどとは比較にならないほどに大きい。特に同社が強みにしているのは、「ヤフープレミアム」というサービス。このプレミアム会員にならないとヤフーオークションが利用できないため、月に二百九十四円のこの会員制度にオークション利用者はこぞって加入している。その会員数は五百万人を超えており、この売り上げだけでも年間二百億円以上あるのだ。

ヤフー、楽天の限界

ヤフーのアクセス数は、一日十億近くある。日本人全員が一日に八回はヤフーのホームページを閲覧していることになる。

そしてこの集客力をバックに、ヤフーはバナー広告でも有名企業を多数集めており、他の追随を許していない。

驚くべきは、その利益率の高さだ。たとえば二〇〇四年通期の決算では、七百五十八億円の売上高に対し、四百十二億円という営業利益を出している。驚くべき数字というしかない。この同じ期に楽天が売上高四百五十六億円・営業利益百五十一億円だったのと比べれば、その凄さがわかる。

だが――。

これでヤフーや楽天は盤石なのかと言えば、決してそうではない。ポータルは飽きられるのが早い。しかもさまざまな製品を購入するという人々の行動経路は、前にも書いたようにポータル経由から、検索エンジン経由へと急速に変わってきている。大半の人々がポータルを使わず、検索エンジン経由で直接ショッピングサイトに行って買い物するようになっていくと、楽天市場のようなショッピングモールは存在意義がなくなってしまうことになる。それはヤフーのような総合ポータルでも同様だ。いったんアクセス数が減ってしまえば、同社の収益の最大の柱となっている広告収入に多大な影響を及ぼす可能性がある。

そのあたりの不安は、ヤフーにしろ楽天にしろ決して無縁ではない。

「いずれはわれわれの業界がグーグルに呑み込まれるかもしれない。その日を座して待つのか、それとも打って出るのか」

という漠然とした悩みは、日本のネット企業経営者の頭の片隅にいつも垂れ込めている暗雲だ。だからこそ彼らはどのように今後の戦略を立てて生き抜いていくのか、模索を続けている。楽天が無謀とも言えるＴＢＳ買収に手を伸ばしたのは、そうした焦りからだったと推測できる。

一方、アメリカでは、まったく違った業界構図になっている。グーグルの圧倒的なパワーを見せつけられた他の企業が、グーグルと真っ向からぶつかる戦略に打って出ているのである。

つまりマイクロソフトにしろヤフーにしろ、グーグルの強力な対抗馬と見られている企業はどこもグーグルの戦略を手をこまねいて傍観しているのではなく、対抗策を果敢に打ち出したのである。

「三強の戦い」思わぬ余波

いち早く動いたのは、グーグルを世に出すきっかけを作ったヤフーだった。小さな若いベンチャーだったグーグルは、二〇〇〇年にヤフーの標準的な検索エンジンとして採用され、これをきっかけに世間に知られるようになった。当時ヤフーはすでに巨大ポータル企業として、知らない人はいない存在だったからだ。

だがグーグルが成長してヤフーの存在を脅かすようになり、「庇《ひさし》を貸して母屋を取られる」とも言えるような状況になっていく。この状態を看過できないと考えたヤフーは、グーグルとの長年の契約を打ち切った。そしてキーワード広告分野でグーグルと覇権を争っていたオーバーチュアや検索エンジン企業のインクトゥミなどを次々と買収し、自社開発の検索エンジン「ヤフー・サーチ・テクノロジー（YST）」を二〇〇四年にリリースしたのである。

そしてこのヤフーとグーグルの対決に大いに刺激されたのが、マイクロソフトだった。先ほども書いたようにウィンドウズとオフィスという二大ソフトによってパソコンの世界を制覇している同社は、「検索エンジン戦争に乗り遅れると、インターネットの世界を支配できなくなる」という焦燥感に駆られ、二〇〇三年半ばごろから「MSNサーチ」という自前の検索エンジンの開発に乗り出した。またキーワード広告についても「アドセンター」という名称で自社開発し、ヤフーやグーグルに真っ向から対抗するサービスを次々と投入していった。

二〇〇四年ごろから、アメリカの検索エンジン業界はこの三強の対決を軸に動いている。

そしてこの三強の戦いは、思わぬ余波を生んだ。競争が激化するのにともなって、検索エンジンそのものがさらに大きく進化し始めたのだ。たとえばこれまで検索エンジンの検索対象がインターネットのホームページだけだったのに対し、グーグルやヤフー、MSNが先を争って新たなサービスを開発・提供するようになったことから、自分のパソコンのハードディスクの中の文書などを検索してくれる「デスクトップ検索」や、ネット上で観られる画像や動画を検索できる「イメージ検索」、さらには第一章で紹介したニュース検索や地図検索、案内広告などへとどんどん拡大していくことになったのだ。

業界再編成と合従連衡

そしてこれに呼応するかのように、三強以外からも検索エンジン戦争に挑戦しようとする企業が続々と現れてきた。たとえばオンライン書店のアマゾンは、「A9」という子会社を新たに設立し、グーグルなどに先駆けて書籍の全文検索という驚くべき検索サービスを投入して、業界の度肝を抜いた。さらに通常の検索エンジンも開発し、グーグルやヤフーと対抗できるパワーを見せつけている。

そのような状況を見れば、将来的にはヤフーやマイクロソフト、アマゾンが打ち勝つ可能性は十分にあるともいえる。なにしろ業界の再編成や企業の合従連衡に関しては、何が起きるのか分からないシリコンバレーである。グーグルがＩＰＯ（株式公開）するしばらく前に、「マイクロソフトがグーグルを買収する」という噂が流れて騒然となったこともあった。さすがにグーグルは現在、巨額の株式時価総額となっているから、買収するのはきわめて困難だが、可能性はゼロではない。

しかし現状では、やはりグーグルの技術力が圧倒しているといえる。この本を「グーグル」という一企業の社名を前面に出して書いたのも、やはりグーグルの持つ技術力や求心力が圧倒的であるという理由によるものだ。

話を戻そう。

では日本では、こうした競争の構図は生じていないのだろうか。

業界を見渡してみると、そうした胎動は少しずつ生まれはじめている。ライブドアや楽天、ヤフーなどの企業がポータルの覇権を争って苦闘しているのを横目に、二〇〇四年ごろから日本でもインターネット業界に新しい波が出現してきた。

ブログや掲示板などがネットで流行しているのをうまくすくい取り、それらをビジネスにする会社が現れてきたのである。日本では「ミクシィ」「はてな」「グリー」といった若いベンチャー企業がそうだ。

ミクシィというのはSNS(ソーシャル・ネットワーキング・サイト)というサービスを提供している会社で、要するに気軽なご近所づきあいのような共同体を、会員制でインターネット上に構築したものだ。

ミクシィユーザーは自分の簡易ホームページをミクシィ内に作ることができ、プロフィールを公開し、日記を書くこともできる。無数の掲示板もあり、同じ趣味や仕事、志向などを持つ会員同士が集まって情報交換も行える。いわば巨大な「仲間うち」のサークル活動を楽しむ場所といえる。

「仲間うち」ユーザー

そしてその「仲間うち」意識を、ユーザーの紹介がなければ入会できないという閉鎖的な会員制度が支えている。新人ユーザーはだれかの友人としてSNSに参加し、そこから徐々に友人の輪を広げていくことができる。

ミクシィでは、たとえば自分のページを訪れた人の名前だけを表示する「足あと」という機能や、「おたがい知人になりましょう」という定型メールを送ることができる機能など、親しい友人ではないけれども、他人ではなく知人であるというゆるやかな人間関係を、うまくネット上に再現している。この巧みさが人気を集め、多くの熱心な利用者を生み出している。三日以内に一度以上は利用するユーザーが七割で、ユーザー一人が一日に閲覧するページ数は約五十にもなるという。そしてアクセス数の合計は一日四千二百万にも達し、ポータルサイトなみの規模になってきている。

オンラインショッピングモール大手の楽天の社員だった田中良和氏が作ったSNS「グリー」も、同様のサービスを提供している。田中氏は以前、筆者の取材にこう話していた。「インターネットの世界だけではなく、中央集権から分散へというのは今の世界の基本的なテーマになりつつあると思う。通信テクノロジーが進化したことで、これまで中央集権的に情報やメディアが一か所に握られていたのが、自立分散・協調型のモデルへと変わってきている。今の時代はその傾向がさらに加速していっており、グリーはそんなふうな分散型のモデルの基盤を提供していきたいと思っている」

こうしたSNSやブログのようなビジネスは、コミュニティビジネスやC2C（消費者間取引）ビジネス、あるいはＣＧＭ（消費者がコンテンツを生み出すメディア）などとも呼ばれている。これまでのＢ２Ｃのポータルビジネスが、企業が一方的にどんどんサービスや製品を提供し、消費者はあくまで受け手としてそうしたサービスを享受していたのに対し、Ｃ２Ｃでは消費者みずからが情報やコンテンツの送り手となり、そして同時に受け手にもなる。

企業側がしなければならないのは、その消費者同士のやりとりが気持ちよく、スムーズに行えるようにきちんとしたしくみを提供することだけだ。

このＣ２Ｃビジネスは今後爆発的に拡大し、将来的に市場規模はＢ２Ｃと匹敵するほどになるのではないかと言われている。

「プラットホーム」の実現

こうしたコミュニティ中心のビジネスが急激に伸びてきた背景には、グーグルが形成しようとしているフラットな社会の出現があると思われる。

そして実は、このＣ２Ｃビジネスの根幹を支えているのも、やはりグーグルなのである。

なぜならこうしたＣ２Ｃベンチャー企業は、グーグルに準拠しているか、あるいはきわめて似通った収益構造を持っているからだ。

何度も書いているように、グーグルはアドワーズやアドセンスなどの広告ビジネスによって莫大な収益を上げている。そしてこの収益を惜しげもなく投じ、さまざまな新サービスを開発している。グーグルニュースやグーグルマップ、グーグルベースなどがいかに先端的なサービスであるのかは、第一章で説明したとおりだ。

グーグルが実現しようとしているのは、こうした各種サービスの上でインターネットの個人ユーザーや企業などがありとあらゆる情報を交換し、売買し、金銭を流通させることのできる、巨大な場所（プラットホーム）を作り上げることである。そしてこのプラットホームにうまくアドセンスなどの広告をはめ込んでいくことで、広告収益もさらに拡大していくという戦略を立てている。

そしてグーグル的なC2Cビジネスを展開しているベンチャー企業も、グーグルがアドワーズ広告を提供してカネを稼ぎ、その資金で無料サービスを開発しているのと同じように、グーグルからコンテンツターゲット広告の提供を受けて利益を確保し、その資金によってSNSなどのサービスを無料提供しているのである。

つまりこうした新手のネットベンチャーは、図5-1で説明したグーグルの「広告による収益」「その上の無料サービス」という二重構造とまったく同じ構造を持っているということなのだ。そして彼らの収益は、グーグルの広告ビジネスに依っている部分も少なくない。

「グーグルチルドレン」とでも呼ぶべきかもしれない。

実際、ユニークな独自テクノロジーが注目を集めているC2Cベンチャー「はてな」の近藤淳也社長は、筆者の取材にこう話したのである。

「目標はグーグルですね。はてなは日本版グーグルのような企業を目指したいと思っています」

「権威」の相対的な低下

個人が持ち寄った情報の蓄積と、それにともなって個人と個人がつながっていくようなサービスへと、インターネットの世界は推し進められつつある。

ブログやSNS、掲示板が闊歩するC2Cインターネットの中では、いまや企業と個人は等価値になり、「権威」の価値は相対的に低下している。

ではそんな新しいインターネットの世界で、最も価値を持つものは何だろうか。

二〇〇五年九月、『アテンション！　経営とビジネスのあたらしい視点』（シュプリンガー・フェアラーク東京刊、高梨智弘／岡田依里訳）という本が刊行された。アメリカの大手コンサルタント企業アクセンチュアのシンクタンクに勤めるトーマス・H・ダベンポートとジョン・C・ベックが書いた本である。

アテンションというのは、直訳すれば「注目」「注意喚起」といったような意味の英単語だ。この本では、現在の世界経済が「アテンションエコノミー」になっているということを説明している。情報が少なかった時代には、人々は情報を持っているマスメディアに群がった。マスメディアにしか情報がなく、人々は情報に飢えていたからだ。

ところがインターネット時代に入り、情報が大量に流通し、過多になってくると、「ただ情報を持っているだけ」というのでは、人々に見向きもされなくなってしまう。情報を持っているだけでなく、人々に注意喚起し、注目を集めることができるメディア――つまりアテンションを持ったメディアだけが力を持つことができるようになるのである。これがアテンションエコノミーだ。

『アテンション！』では、次のように説明されている。

〈前世代の人々にはアテンションの問題はなかった。かりにあったとしても、われわれが直面しているものとは比較にならない。彼らにはインターネット上で増殖し続けるウェブサイトなどなかった。多くて放送局が数局、地元紙、それに雑誌として写真が多い『ライフ』があった。また格別の勉強家は『タイム』や『リーダーズ・ダイジェスト』などの雑誌を読んだだろう。その後の情報源の爆発的増加を考えると、従来のアテンションの対象は取るに足らないものに見える〉

同書によれば、二〇世紀の初めまではまだほとんどの人が、入手できる情報のほとんどを読み、修得できるだけの許容量を持っていた。ところが情報はその後、等比級数的に増加するようになり、いまや世界中で年間三十万点の書籍が刊行され、雑誌はアメリカ国内だけでも一万八千点以上が出版されている。二千二百五十億ページもの記事内容が盛り込まれている計算で、食べ物と栄養に関するキーだけでも二百億ページを超えるという。

人からの注目度が重要

また全米のオフィスでやりとりされる文書の量は、年間一兆六千億枚に上るという。またホームページは世界に二十億ページ以上存在し、米政府の試算では、インターネット上を流れる情報の量は百日ごとに倍に増えているという。

これだけの分量の情報があふれていると、その中で多くの人々に読まれる情報というのは、ごくわずかしかない。つまりはそれぞれの情報がどれだけ人々の注目（アテンション）を集めるかということが、最大の価値となっているのである。

もう一度、『アテンション！』から引用しよう。

〈この新世紀には、時間も生産高もあまり重要でなくなってきている。インターネット社会、知識資本、ネットワーク商取引などの言葉で表現される新時代に、時間の長さや生産高の重量などは、結局のところ、どんな関わりがあるのだろう。速さや知識、創造性がものを言う世界なのに、プロジェクトに注いだアテンションによってではなく、仕事に要した時間の長さや、出荷可能な製品の重さなどの基準で私たちの多くが報酬を得ているのは、奇妙なことではないか〉

要するにカネや時間、生産量を持っているのが優位なのではなく、いまや、「人からどれだけ注目（アテンション）されるか」が最大の価値基準になっているという意味である。

おまけにアテンションというのは、世界の人口が有限である以上、数も有限だ。情報が爆発的に増加していくほどには、アテンションは増えない。複製も不可能で、アテンションの希少性は、今までにないほど高まっているのである。

かつては、テレビがアテンションの王者だった。人々はテレビから情報を入手し、テレビを娯楽にしていた。多くの人たちが、テレビだけにアテンションしていたのである。ところがインターネットの登場で、アテンションがテレビからネットへと少しずつ移りはじめた。このためテレビへのアテンションは、相対的に減り始めている。テレビCMが衰退し、ネット広告が隆盛を迎えるだろうと言われているのは、

「アテンションは有限で、テレビのアテンションがインターネットに吸い込まれているから」

と説明できる。

「囲い込み」の破綻

では、どうすれば各メディアは、より大きなアテンションを獲得することができるのだろうか。

先に、「ブログやSNS、掲示板が闊歩するC2Cインターネットの中では、いまや企業と個人は等価値になり、『権威』の価値は相対的に低下している」と書いた。この世界

においては、マスメディアの権威や企業規模だけでは、アテンションは獲得できなくなった。人々が権威や企業規模にそれほどの意味を感じなくなり、権威のあるメディアの記事も、個人のブログも等価値に見るようになったからである。

ではアテンションを獲得するのは、どのような要因なのか。

答は明快だ。

いまや情報の流通を完全に支配してしまっている検索エンジンをうまく利用し、検索エンジンの検索結果ランキング上位に入ることである。

あるいはキーワード広告やコンテンツターゲット広告をうまく活用し、人々の関心を自分に向けさせることである。

つまりはグーグルの提供している基盤にうまく乗るかたちで、グーグル経由で自分に対するアテンションを高めることが、最大の戦略になってきているのだ。

ベンチャー企業「インフォテリアＵＳＡ」社長の江島健太郎氏は、インターネットのニュースサイト「ＣＮＥＴ」に掲載した「展望２００６：アテンション・エコノミーの本格化」という記事で、次のように述べている。

〈2005年の流行語大賞にもなったブログの浸透により、情報の発信量は幾何級数的に増えているが、情報を消費する人のアテンション（注目）は限られている。

その結果、情報のビットあたりの価値が希釈化されてデフレが起き、アンチスパムや検索エンジンのようなノイズフィルタが力を持つ時代になってきた。

ところが、Googleなどの検索エンジンはフィルタという「引き算」機能よりもむしろアテンションナビゲータという足し算機能について期待されるようになってきた。フィルタとは本来、ユーザーが望まない情報を自動的に捨てて快適なネットライフを送るようにするための技術だが、人々がフィルタへの依存度を高めるようになると、むしろユーザーのアテンションそのものを誘導するための隠れた権力として作用するようになる。実際、Googleのビジネス的な成功はこの「足し算」機能の魅力によってもたらされている。それがアテンション・エコノミーの本質だからだ〉（二〇〇六年一月一日）

江島氏の言うように、グーグルはアテンションのナビゲータ（道案内人）になろうとしている。

アテンションがすべてを支配するアテンションエコノミーの世界では、

「囲い込み」

という戦略はあり得ない。

利用者や読者、ユーザーを囲い込んでしまうのではなく、人々がお互いのアテンションに基づいてさまざまなコンテンツや情報を流通させる際に、その流通を「仲介」することが、最高の戦略となるからだ。

振り返ってみれば、一九八〇年代的なＩＴ企業の王者だったマイクロソフトは、徹底的な囲い込み戦略を採った。

ウィンドウズというＯＳで人々を囲い込み、この囲い込みによってマイクロソフト・オフィスやインターネット・エクスプローラを人々に使わせることに成功し、そしてその成功によってさらにマイクロソフトの囲い込みは進んだ。

「高い年貢」の代償

しかし第一章でも書いたように、グーグルの登場によってマイクロソフトの覇権は破綻しかけている。パソコンのハードディスクの中が閉ざされた世界で囲い込みに適しているのに対し、インターネットはどこまでもオープンで、囲い込みができない世界だからだ。

一九八〇年代的なマイクロソフトは、パソコンのハードディスクに王国を作り上げ、その王国の領主となった。マイクロソフトは人々に直接ソフトウェアを分け与え、そのかわりに高い金額の年貢――ソフト代金――を得たのである。

しかし囲い込みが不可能なオープンな社会では、どれだけ関係性を仲介できるかが勝敗を分けることになる。

その世界で勝利を収めようとしているグーグルは、人々にソフトウェアを与え、その対価を得る領主ではない。人々がお互いに情報やコンテンツを分け合い、融通し合うそのしくみそのものを提供する。

つまりグーグルは、アテンションエコノミーをつかさどる「司祭」となっているのである。

司祭グーグルが人々の人間関係から情報の流通まですべてを取り仕切り、人々は自分の興味対象やほしいものをグーグル経由で探し、見つけ、購入する。人々は気づかないうちに、グーグルの支配するある種の宗教的な空間へと取り込まれていくのだ。

Google

CHAPTER 6

すべてを支配していく

検索

〈これは重要な装置だ、なぜならそれは権力を自動的なものにし、権力を没個人化するからである。その権力の本源は、或る人格のなかには存せず、身体・表面・光・視線などの慎重な配置のなかに、そして個々人が掌握される関係をその内的機構が生み出すそうした仕掛けのなかに存している〉

『監獄の誕生―監視と処罰』(ミシェル・フーコー著・田村俶訳　新潮社　1977年)

第六章　ネット社会に出現した「巨大な権力」

司祭たることを目指したグーグルは、世界のすべてをみずからの宗教世界に呑み込もうとしている。

グーグルの二人の創設者に招かれて会長兼最高経営責任者（CEO）となったエリック・シュミット氏は二〇〇五年十月、アリゾナ州の講演でこう話した。

「世界中のホームページをすべてデータベースに収め、検索可能にするためには、まだ三百年はかかる」

シュミット氏によれば、全世界に存在するすべての情報の量を計算すると、約五〇〇万テラバイトに達するという。テラバイトというのは、ギガバイトの千倍。つまりいま安価に市販されている一〇〇ギガバイトのハードディスクを五千万個並べれば、世界中のすべての情報を収めることができるようになるというのだ。

このうちすでにグーグルによってデータベース化された情報は、わずか一七〇テラバイト(一〇〇ギガバイトのハードディスクにすれば一七〇〇個分)しかないという。すべての情報をデータベース化するまでには、まだ途方もない手間と時間がかかるのだ。

全データをオーガナイズ

しかしグーグルは三百年かかろうとも、長い時間をかけて世界中の情報をデータベースに収めようと考えている。グーグルはすべての情報を、貪欲に呑み込みつつあるのだ。

グーグル日本法人の村上憲郎社長も、同様の発言を行っている。二〇〇六年一月三十一日に開催された「インターネットNext Stage」というシンポジウムで、こう話した。

「グーグルは、世界の全データをオーガナイズする(体系づける)という目標を掲げている。世界には五〇〇〇万テラバイトの情報量があり、これまでにデータ化が完了しているのはまだ一パーセント。これをどのように達成するのか、グーグル社内で議論を重ねている。(中略)しかし二〇〇九年にはおそらく、『人類の知』と呼ばれるような分野のデータはすべて検索可能になっている。透明性の高いパーソナライズを実現するために、ユーザー自身のことを教えてもらいたい。そして、何かを聞かれたらグーグルが即答できる環境を作りたい」

さまざまなコンテンツや記事、さらにはありとあらゆる個人情報がインターネット上に蓄積されつつある。

最近、「インターネットの本質はデータベースじゃないか」といった意見もネット業界の中から出てきている。

たとえば二〇〇五年十一月、宮崎県で開かれたＮＩＬＳというベンチャー経営者のイベントで、ブログなどのビジネスを展開しているドリコムの内藤裕紀社長は、こう語っている。

〈僕たちが考えた本質は3つあります。1つはデータベースという部分が一番大きなポイントだと考えています。

何のデータを企業がどういうかたちで保有しているのかということです。Web 2.0的な会社の代表としてGoogleが挙がっていますが、それは検索エンジンの会社だからだとか、AJAXをよく使っている会社だからだとかいうわけではありません。ある分野のデータに関してはGoogleがもっともデータを保有しているという状況がその背景にあるからでしょう〉（ＣＮＥＴ「ベンチャー企業の代表者が解くWeb 2.0と経営の本質」別井貴志記者の記事より引用）

インターネットが一般化してきた一九九五年以降、すべての情報がどんどんインターネット上に蓄積されはじめている。これらは五十年後、百年後には膨大な人間の歴史の集積となる。蓄積されているのはもちろん、ホームページだけではない。生活のあらゆる局面がデータベース化され、検索可能になっていこうとしているのだ。

そしてそのデータベースを司っているのが、グーグルなのである。

「人生の記録」をデジタル化

筆者の知人に、美崎薫さんという人がいる。優秀なプログラマーであり、書き手でもある彼は「未来生活デザイナー」と名乗り、自宅で「記憶する住宅」というプロジェクトを実施している。

そのプロジェクトは、美崎さんがこれまでの人生で出会った人や読んだ本、観たビデオ、見た風景などありとあらゆる体験をデジタル化し、ハードディスクに蓄積するというものだ。そしてこの蓄積したデータは、「スマートカレンダー」というソフトを使って閲覧することができる。

スマートカレンダーは過去の日々をカレンダーのように見ることができるソフトで、過去の特定の日付けをクリックすると、その日に撮影した写真や読んだ本の画像イメージ、出会った人の名刺、顔写真などが次々と猛スピードで、パソコンの画面に展開されていく。それはまるで走馬灯を見ているような、あるいは古びた幻灯を眺めているような不思議な経験だ。

彼はこのプロジェクトを始めた後、自分の人生をさかのぼって過去の記録をデジタル化していった。いまや彼の人生のほとんど大半は、ハードディスクの中に転送されてしまっている。

「過去の記憶と記憶が結びつき、思いもよらなかった『気づき』が起きるときがある」

と美崎さんは言っている。

過去の経験を何度も繰り返し振り返って見ていると、過去から現在、未来へと続く時間の流れが解体され、時間感覚が消滅していくような不思議な感覚に入っていくのだという。

美崎さんの試みと同じような実験は、アメリカでも行われている。これらのプロジェクトは総称して、

「ライフログ」（人生の記録）

とも呼ばれている。

自分の人生が、どれだけデジタルに転写できるのか？

デジタルに転写された人生は、イコール自分となるのか？

もしデジタルコピーの技術がどんどん進化していって、人間が外界から取り入れた五感すべてをデジタル化できるようになったとしたら、そのデータは自分をそのまま表現したものになるのか？

そうだったらそのデータに転写されない「自分」には何が残っているのか？

ライフログには、人間の生き方の根幹に影響を与えるような何かが秘められているようにも思えるのだ。

そしてこれらのライフログが、すべてインターネット上でグーグルによってデータベース化されていけば、どうなるのだろう。

たとえば、

「二週間前に家族で食べた夕食のメニュー」

「三十年前、妻と結婚前に交わした手紙の数々」

「一年前、友人と遊びに行った海岸で見た夕焼け映像」

といったものが、グーグルの検索エンジンによって瞬時にデータベースから取り出せるようになる。

「グーグル八分」の恐怖

これは新しい世界の幕開けである。そして同時に、われわれが想像もしていなかったようなコントロール社会にもなる可能性がある。

おそらくこうしたデータベースが構築されるまでには、さまざまな紆余曲折があるだろう。二〇〇五年四月に施行された個人情報保護法の観点から言えば、パーソナルなデータがいたずらにインターネット上のデータベースに格納され、それが本人以外に再利用されてしまうことに対しては大きな問題が生じるだろう。

さらにもうひとつの大きな問題は、

「グーグルから排除されることの恐怖」

だ。グーグルがすべてのデータベースを支配し、人々の情報やコンテンツのやりとりをつかさどるようになってしまうと、グーグルは巨大な社会的基盤（インフラ）と化す。

それはつまり、きわめて公的な機関になっていくということでもある。

しかしグーグルという企業に、その覚悟があるかどうかと言えば——かなり疑わしい。

ひとつのケースを紹介しよう。日本のインターネットの世界で、

「グーグル八分」

という言葉で呼ばれるようになった有名な事件である。

登場するのは、訪問販売によってウエディングドレスや宝飾品を販売しているA社という企業である。一九九二年に創業され、社員数は約二百人。年商は九十億円近くに上る。

「悪徳商法マニアックス」

この企業への批判がインターネット上で突如として巻き起こったのは、二〇〇二年六月のことだった。とある匿名掲示板で「悪徳商法ではないか」「かなり怪しい勧誘をしている」といった書き込みが盛んに行われるようになったのである。

この動きに対し、A社の側もすぐに反応した。掲示板を見て動揺する社員が現れ、顧客からの問い合わせやキャンセルも増えだしたことから、「看過できない」と判断し、運営者に対して書き込みの削除を求めたのである。

これに対し、掲示板の管理人は別に自分が運営している「悪徳商法マニアックス」（以下、悪マニ）というホームページに、「A社より削除依頼が来ました」と書き込んだ。悪マニは悪徳商法に関する情報の集積地であり、悪徳商法対策の中心的存在として知られるサイトである。管理人はｂｅｙｏｎｄ氏といい、ボランティアでこの有名なサイトを運営しているネット社会の著名人だ。

ｂｅｙｏｎｄ氏とA社の間では交渉が続いたが、議論は平行線だった。最終的にA社は、損害賠償請求などの民事訴訟を起こすとともに、名誉毀損で京都府警に刑事告訴も行った。そしてA社は同じ時期、グーグルに対しても、次のような依頼メールを送ったのである。

「悪マニのA社に関するホームページの記事を、グーグルの検索結果から削除してほしい」

この時期、グーグルで「株式会社A社」と検索すると、検索結果ランキングの上位はずらりと悪マニをはじめとする掲示板が占め、A社のホームページの情報は下位に追いやられてしまっていたからだった。

グーグルはA社の要請に対して、①対象の検索言語②対象の検索キーワード③誹謗中傷にあたると思われる箇所④その詳しい具体的内容⑤氏名・住所・メールアドレス――などを再度送信するように求め、そして内容を確認した上で、悪マニを検索結果から排除する措置を取ったのである。

「ユーザーに対する欺瞞」

beyond氏は驚き、グーグルに問い合わせた。次のような説明があったという。

「弊社ではGoogleインデックスに表示されるドメインが、登録されている国の法律に従っていることを確認するよう努めています。弊社では、法律で公認されているコンテンツを削除することと及び情報アクセスの制限を行っておりません。しかしながら、特定のページのコンテンツが日本の法律に違反していると判断された場合、そのページをGoogle.co.jpから削除することがあります。この場合、クレームを頂いたユーザーから詳細情報を記載した署名入り文書を弊社法律部に提出していただく必要があります」

「この度ご指摘になったページは、日本の法律上、名誉毀損罪（刑法二三〇条）及び営業妨害罪（刑法二三三条）に該当すると判断され、Google.co.jp及び弊社パートナーサイトから削除させていただきました。何卒ご了承いただきますようお願いいたします」

しかも削除されたページは、A社関連の記事だけではなかった。悪マニのホームページ全体が対象となり、グーグルの検索にいっさい引っかからなくなってしまっていたのである。

「グーグルという企業がここまで大きくなってきた以上、そうした要請に負けるというのはある程度は仕方ないのかも知れないが、もう少し『芯』を持っていただければと思う。グーグルはこれまで『検索結果には手を加えない』と言ってきただけに、今回の削除はユーザーに対する欺瞞《ぎまん》ではないか。仮にもしグーグルが『削除もあり得ます』と公にしたとすれば、少しは軽減されるかもしれないが……しかし、それでもすべてが許されるわけではないだろう。グーグルは私企業とはいえ、通信会社やマスコミと同じように公共サービス、公企業に近い立場にいる会社ではないかと認識している。グーグルは検索エンジン業界の中でほぼ独占に近い状態だし、自社がそういう企業であるという自覚をきちんと持ってほしいと思う」（ｂｅｙｏｎｄ氏）

これに対して、筆者が当時取材したグーグル日本法人のセールス＆オペレーションディレクター、佐藤康夫氏はこう答えている。

「サービスの運営に関しては米国本社の管轄になるため、日本法人の守備範囲外になっている。それを前提にお話しすることになるが、まず大前提としておきたいのは、グーグルはあくまでユーザーにとって正しい検索結果を提供するのが最大の目的であるということ。このためアルゴリズムクラッカーのように、ユーザーに誤った検索結果を見せてしまうような行為は厳しく排除している。それと同様、ユーザーに悪い影響を与えたり、犯罪につながったり、あるいは法律違反になるようなものについても削除する場合がある。削除については本来、その対象サイトの運営者と話し合っていただくのが第一義だが、それでは埒《らち》があかないということで今回は連絡をいただき、米国本社で日本人の法務担当が日本人弁護士と相談しながら削除を行った。基準に関してはあくまでケースバイケースということになると思う。ただ今回のケースについては、かなり微妙な問題もある。本社とも相談し、議論を続けていかなければならないと思っている」

「司祭」による宗教的追放

事件から二年以上が経つにもかかわらず、依然として悪マニはグーグルの検索結果から排除されたままの状態が続いている。

この事件を、だれが「グーグル八分」と呼び出したのかはわからない。しかし事件の本質をきわめてよく表現していると言える。グーグルから排除されれば、インターネット社会の中で存在しないことと同一になってしまうからだ。

いわばそれは、グーグルという司祭がつかさどる祝福された宗教世界から追放され、無の空間に放り出されるようなものである。グーグルはいまや、インターネット社会の中に限って言えば、政府や国際機関を凌駕する巨大な権力になっているといってもいいのだ。

悪マニの「グーグル八分」事件だけではない。同様の事件は、次々と起きている。たとえばこれまで何度も登場してきたグーグルのコンテンツターゲット広告「アドセンス」。個人のホームページに、その内容にマッチした広告を配信するというものだが、中には不埒な輩もいて、自分のホームページにあるアドセンス広告を何度もクリックし、広告料金をだまし取るという犯罪的行為が多数起きている。これは「クリック詐欺」と呼ばれ、かなり問題になっている。

このクリック詐欺に対処するため、グーグルはアドセンスの利用規約で、次のように定めている。

〈禁止されているクリックと広告表示　人為的にクリックや表示回数を発生させる行為は堅く禁じられています。繰り返し手動でクリックもしくは表示したり、クリックもしくは表示を誘導・奨励するあらゆる行為や表現、ロボット、自動クリックツール、自動表示ツールまたはその他の不正なソフトウェアを使用するなど、どのような不正行為も認められません。広告主の費用を増加させる可能性を避けるため、どのような理由においてもサイト運営者自身で広告をクリックもしくは表示することは禁じられています〉

そしてこの規約を破り、クリック詐欺を行ったとグーグルが認定すると、そのホームページに配信されていたアドセンス広告は停止処分となる。それはごく当然のことだろう。ところがこの停止処分がここ数年、インターネット業界で大きな社会問題となっているのである。

アドセンス停止処分

ホームページの運営者本人が違法行為を行った認識もないのに、グーグルによって勝手にアドセンスを停止されてしまうケースが相次いでいるのだ。しかもこの処分に対して運営者の側が説明を求めたり、処分撤回を要請しても、ほとんどが黙殺されてしまっているのが実態だ。

たとえば日本では、インターネット上で『映画瓦版』というホームページを運営している映画批評家の服部弘一郎氏がこの処分を喰らい、その顚末記を自身のブログ上で書いている。

それによると、服部氏に二〇〇五年五月に送られてきた停止処分の通告書は、次のような内容だったという。

〈お客様のウェブページ上の広告に対する無効なクリックが確認されました。このため、お客様の Google AdSense アカウントを停止させていただきました。この措置は、広告主様を保護するためのものであることをご了承ください。

サイト運営者様のサイトでは、どの広告に対しても無効なクリックは認められません。無効なクリックには、サイト運営者様ご自身によるウェブページでのクリックや、ロボット、自動クリックツール、またはその他の不正なソフトウェアの使用によるクリックなどが含まれますが、これに限りません。Google が無効と判断する過程ではあらゆる方法が用いられております。

このような行為は、Google AdSense の利用規約とプログラムポリシーへの違反になります。（中略）

無効なクリックにより、アカウントが停止された場合、今後AdSenseはご利用いただけません。また、収益のお支払いも行われません。アカウントの残高収益は広告主へ返金されます〉

服部氏は前年二月にアドセンスをスタートして、約一年二か月で三十万円あまりの広告収入を得ていた。少ない金額ではない。この収益が異議申し立てをする暇もないまま、いきなり一方的に断たれてしまったのだ。

アカウント剝奪宣言

服部氏が再度問い合わせてしばらくすると、今度は次のようなメールがグーグルから送られてきたという。

〈Googleでは、お客様のアカウントを無効にさせていただく措置は、お客様のサイトでこれ以上無効なクリックが発生しないために必要な措置であると考えております。

お客様は、Googleで確認された無効なクリックに関する具体的な情報をご覧になりたいとのことですが、監視システムはGoogle専有のシステムですので、申し訳ございませんが、無効なクリックに関する詳細を公開することはできません。お客様からのお問い合わせに基づいて、アカウントを慎重に審査いたしましたが、お客様のサイトの広告で無効なクリックが発生していることが再度確認されました。Google のプログラムポリシーに従い、Google ではお客様のサイトでの無効なクリックから広告主を保護する必要がありますので、お客様のアカウントを無効とさせていただきました。

Google のプログラム利用規約に記載されているとおり、Google では、どのような場合でもサイト運営者様のご利用を停止させていただく権限があります〉

これに対して服部氏は何度もグーグル日本法人に電話し、調査を求めた。だが一向に埒があかず、最後に電話に出てきた同社社員とみられる男性は、服部氏に向かってひどい態度に出たのだという。

〈こちらはそもそも、アカウント剝奪は間違いだと思うので調べ直してほしいという話から始めているのだ。アカウント剝奪という決定をそのままにして、返事のメールさえ形が揃っていれば文句はあるまいという態度が見え見えなのは承服できない。しかしそのことを相手に告げようとしても、「なぜですか?」「どうしてですか?」「何が問題なんですか?」「あまり感情的にならないでください」といちいちこちらの話を遮ってしまう。これにうんざりして、「電話しているのはこちらなんですから、まずはこちらの話をきちんと聞いてくれませんかね」と言ったところ、相手は突然声を一段低くしてこう言った。

「アンタ、一体なにが望みなんだよ〜」

そしてさらに続けて、吐き捨てるようにこう言う。

「オマエ、そんなにカネが欲しいのかよ！」

これには本当に驚かされた〉（ブログ『新佃島・映画ジャーナル』より）

これは担当社員の個人的資質にかなり問題があり、極端にひどいケースだったと思われるが、しかし同様の停止処分事件は世界のいたるところで起きている。

中国政府の検閲容認

問題なのは、停止処分そのものではない。グーグル側に利用者個人に対してきちんと説明しようという意志がほとんど見られないことが問題なのだ。つまりはアカウンタビリティ（説明責任）の問題である。

グーグルはいまや巨大な権力となりつつある。ネットの権力の中心にある司祭グーグルに対して、人々が小さな抗議の声を上げても、ほとんどが黙殺されてしまっているのだ。

その一方で、グーグルはリアルな世界の「政治」にも巻き込まれている。

たとえば二〇〇六年一月、グーグルは中国政府の要請に応じ、千語近くの用語やホームページへのアクセスを制限した特別な検索エンジンを提供し始めた。事実上、中国政府の検閲を許してしまったことになり、

「公平で中立な検索エンジンを提供するのがわれわれの使命だ」

と主張し続けてきたグーグルの姿勢が、ついに崩れていくのではないかと懸念されている。実際、グーグルがこの措置を取った後、アメリカに本拠を置く中国の人権擁護団体HRIC（ヒューマン・ライツ・イン・チャイナ）がこの検索エンジンを調べたところ、天安門事件や法輪功についてのホームページが表示されないように変えられていた。

たとえば「六四天安門事件」というキーワードでは、アメリカや台湾で使われているグーグルでは一九八九年の天安門事件について詳しく解説したホームページが検索結果の上位に表示されているのに対し、中国版では検索結果がほとんど表示されなかった。

「法輪功」というキーワードでも同様で、アメリカと台湾のグーグルでは法輪功の公式ホームページが表示されるのに対し、中国版では法輪功を批判するホームページだけが表示

されたという。

ＨＲＩＣは報告書の中で、

「グーグルは中国市場のビジネスのため、中国政府の要求に屈した」

と痛烈に批判しているのだ。

同じような例はまだある。

精密航空写真の「消去」

第一章で紹介したグーグルマップは、画面上にあるボタンをクリックするだけで地図と衛星写真を切り替えることができる機能がついている。

ところがこのグーグルマップの衛星写真に対し、韓国やタイ、イギリス、オランダなどあちこちの国の政府が猛烈に抗議している。大統領官邸や軍事基地、原子力発電所などを上空から写した衛星写真が、建物のデザインまでわかるほどの精密さで表示されてしまっているからだ。仮想敵国やテロリストの格好の標的になりかねず、国家の安全を脅かしているというわけだ。

これらの国の抗議に対して、アメリカ政府は「公共の利益優先」という建前から、積極

的には介入しなかった。そしてグーグルも、

「この写真は誰でも利用可能なものを弊社が使っているに過ぎない」

と広報担当者が抗議に反論し、軍事基地の写真の消去には応じなかったのである。

ところがそんな騒ぎが起きているうちに、ネット利用者の多くはあることに気づいた。それはグーグルマップ上では、沖縄の嘉手納基地をはじめとする米軍の基地やホワイトハウスなどの精密航空写真は、なぜか見られないように処理されているという驚くべき事実だったのである。


これに対してグーグルは何の説明もしていないから、理由は推測するしかない。おそらくアメリカ政府からの圧力を脅威に感じたグーグル側が、要請に応じるかたちで密かに消去したのだろう。それにしてもこのあからさまなダブルスタンダードにはびっくりするし、グーグルという企業の政治圧力への弱さにも驚くしかない。

グーグルという企業は、

「インターネットの本質をよく理解した、技術者のための技術の会社」

と人々は信じ、コンピュータ文化のもっとも良質な部分を体現している組織だと考えられていた。だからこそインターネット世界の人々は、グーグルが司祭となって権力化する

ことも是認し、

「この素晴らしい会社のやることだから、きっとわれわれを幸せにしてくれるだろう」

と信じたのである。

ところがその王道楽土は、実のところ政治の力によって密かにねじ曲げられつつある。

SF映画的な悪夢

突出した技術を持つ大学院生が作ったグーグルという企業は、技術志向であることによってある種の「無邪気さ」を前面に押し出すことができた。

しかしその無邪気さは、裏を返せばしたたかな権力構造の中で利用されやすいという欠点も持つ。

司祭となり、ネットの中で巨大権力となっていくグーグルが、アメリカ政府の権力補完のために使われないという保証は、どこにもないのだ。

それはある種の、SF映画的な悪夢の未来ビジョンにもつながっている。

スティーブン・スピルバーグ監督のハリウッド映画『マイノリティリポート』を覚えて

いるだろうか。

犯罪者が犯行に及ぶ以前に予測し、逮捕するというシステムが確立された西暦二〇五四年を舞台に、トム・クルーズ演じる主人公のジョン・アンダートン捜査官が、これから犯罪を犯すであろう犯罪者として追われるという陰謀ドラマだ。

この映画の中で、アンダートン捜査官が警察当局から逃れ、逃亡を続けるシーンがあった。地下鉄の駅コンコースにさしかかると、バイオメトリクスを使った網膜スキャニングシステムが主人公の目を識別し、壁面の動画広告が突然動きだす。そしてこう呼びかけるのだ。

「アンダートンさん、ギネスビールはいかが？」

「アンダートンさん、レクサスに乗ってみませんか？」

人々が買い物をして、レストランで食事をし、美術館でアートを鑑賞し、さまざまな場所に旅行に出かける。そうした個人データはネット経由でことごとく収集され、すべてデータベースに蓄積されていく。そして人々の立ち回り先をどこまでも追いかけ、ターゲットされた広告を目の前に差し出し続ける。

これはグーグルの作り上げたシステムの究極に進化した姿でもある。グーグルのアドワーズやアドセンスが進化し続けていけば、その個人に究極にマッチした広告を、その個人のためだけに表示するといったことも可能になるからだ。

アンダートンは謀略によって警察から追われ、属していた社会システムから追放されそうになった。しかし警察当局から追われる身分になってからも、アルゴリズムによって自動化された広告システムはアンダートンの居場所を捕捉し、アンダートン個人に最適な広告を機械的に送り込み続けた。

楽園から追放されてしまっても、神の存在を常に意識せざるをえず、神の手のひらからは最終的に逃れることはできないのである。つまるところわれわれは「グーグル八分」にされても、グーグルを使い続け、グーグルの提供する枠組みを追い求めていくしかないということなのだ。

「グーグルは神になる」

『マイノリティリポート』のようなビジョンを悪夢と見るか、それともインターネットビジネスの究極の進化像と見るか——。

いずれにせよ、インターネットビジネスのコミュニティ化・データベース化は、一方でこうした未来図を作り出すことも忘れてはならない。

アメリカのビジネス雑誌『BUSINESS 2.0』は、二〇〇六年一月にグーグルの未来像を描いた長い記事を掲載した。執筆者は同誌の編集者、クリス・テイラーである。

その記事の冒頭は「グーグルがメディアになる」と題し、こんな風にはじまっている。少し長くなるが、抄訳して引用してみよう。

〈グーグルは二〇〇八年ごろにはケーブルテレビのネットワークを三〇億ドルで買収し、「グーグルテレビ」に改称する。そしてグーグルビデオで蓄積されてきた膨大な数の映像コンテンツがテレビのリモコンで検索可能になり、視聴者は過去の番組の中から好きなものを自分で選んで観ることができるようになる。

グーグルテレビの利用者は、Gメールやその他のサービスと同じようにグーグルにIDを登録しなければならず、これによって視聴者がどのような番組を観ていて、どのようなキーワード検索を行い、どのようなメールのやりとりをし、どのような買い物をインターネットショッピングで行っているか——そうした個人情報がすべてグーグルのデータベースに蓄積されていく。そうすると、たとえばあなたがネットオークションで何度か中古車の情報を見たりすると、次にグーグルテレビのスイッチを入れたときには中古車のテレビCMが表示されるような広告システムができあがるわけだ。

そしてこの広告から上がる莫大な収益の七割から八割は、映像クリエーターなどに還元されていく。だからグーグルテレビは広告主やテレビの制作会社、視聴者などすべての人たちから喜んで受け入れられるサービスになる。

ついで「グーグルモバイル」が二〇〇九年に登場する。これは無料の携帯電話サービスだ。二〇一一年には、大手電機メーカーによって電子ペーパーが大量生産されるようになる。二〇一八年までには電子ペーパーのコストが紙に近づき、グーグルは携帯電話サービスを経由して、自宅の居間の壁に掛かっている電子ペーパーに、自動的にコンテンツを配信するサービスを始める。

ニューヨークタイムズ紙やパラマウント映画などのメディア企業は、最初はグーグルから巨額の広告収入を得ることができて潤うが、しかし徐々に「もう古いメディアは必要ない」という認識が広がり、直接グーグルの持っている媒体にクリエーターや記者がコンテンツを届けるようになる。つまりはグーグルという媒体ができあがってくる。

そして二〇二〇年には、グーグル上で活躍しているジャーナリストや作家が報道記事や小説などで栄誉ある賞を受賞し、グーグルがスポンサーについているバンドがグラミー賞を受賞し、そしてグーグルの映画監督がアカデミー賞最優秀映画賞を獲得する。これによって一気にニューヨークとロサンゼルスはメディアの中心地から外れ、代わってグーグル本社のあるカリフォルニア州マウンテンビューが中心となる〉

グーグルがすべてを呑み込んでいくという将来像が、リアルに描かれている。この記事は次いで「グーグルが通信インフラになる」「グーグルが消滅する」とさまざまな可能性を論じ、最後はこういう章で締めくくっている。

「グーグルが神になる」

その章はかなりおもしろ半分に書かれているのだが、かいつまんで言えばこんな内容だ。

〈二〇六〇年、人間やペットを含む、すべての生き物のＤＮＡに超小型チップが組み込まれるようになり、グーグルによって地球上のすべてのチップのＩＰアドレスと、ＧＰＳ（全地球測位システム）による現在位置を検索できるようになる。すべての瞬間における人

間の行動や欲望についての完璧なデータベースが完成する〉

〈グーグルは『ストロングボット』という新たなパターン認識型ロボットプログラムを開発し、人間の脳を超える知能を持つソフトウェアを持つことになる。二〇七二年にストロングボットが目覚めたとき、彼が最初に気づいたのは自分自身の存在だった〉

これはあまりにSF映画的にすぎるにしても、しかしグーグルが人間の過去の行動や要求などをすべてデータベース化していこうというのは、決して夢物語ではない。すぐそこに近づいている近未来の現実なのだ。

新しい監視社会像

そのグーグルの未来像は、新しいタイプの監視社会の幕開けとなるかもしれない。

カナダ・クイーンズ大のデイヴィッド・ライアン教授は権力のあり方をテクノロジーの視点から分析し、新たな監視社会像を提示している。たとえば二〇〇二年に来日した際、彼は講演会で日本の聴衆に向けて監視社会の三つのモデルについて説明した。それは次のようなものだ。

ビッグブラザー

国家権力による中央集権的監視。二十世紀前半に生きたイギリスの作家ジョージ・オーウェルが一九四九年、小説『一九八四年』で描いた超中央集権的な未来社会。国民の一挙手一投足は、ビッグブラザーと呼ばれる神のような存在に監視され、そこから逃れることはできない。この未来社会像は、ソ連や東欧の中央集権的社会主義体制と重ね合わされて悪夢の未来として考えられるようになった。

パノプティコン

「一望監視施設」とも訳され、十八世紀から十九世紀にかけてのイギリス功利主義哲学者、ジェレミー・ベンサムが考案した刑務所施設の名称だった。中央の監視塔のまわりをぐるりとガラス屋根の囚人棟が放射状に取り巻いており、監視塔からはすべてが見渡せる。また囚人棟のすべての房からも常に監視塔が見えるため、囚人はいつ自分が監視されているかわからず、結果的に「自分は常に監視されている」という永続的な自覚を生み出すことになる。哲学者のミシェル・フーコーは、こうしたしくみは学校教育など近代社会のすみずみまで浸透し、権力への自発的服従に人を導くと説いている。

アセンブラージュ

国家による監視とマーケティング的な監視が結びつき、監視がネットワーク化されている。監視されていることさえ気づかない。

ライアン教授は、時代の趨勢はビッグブラザーからアセンブラージュへの移行であり、監視のネットワーク化であると話した。

そしてこのアセンブラージュこそは、司祭グーグルによるデータベースの管理にほかならないように思える。

日本ではここ数年、住基ネットや繁華街の防犯カメラ設置などをきっかけに、「監視社会化」に対する懸念が盛んに語られるようになっている。

監視の主体は「民」

住基ネットで政府が国民のデータを管理し、あるいは警察当局が新宿・歌舞伎町に監視カメラを犯罪防止の目的で設置するというニュースが流れるたび、主に市民運動サイドからは「政府が国民を監視する悪夢の監視社会が実現しようとしている」といった反対論が展開されてきた。

そんなときに必ず語られるのは、ビッグブラザーへの懸念だ。だがライアン教授の言う通り、そうした国家主義的な監視システムというのはいまや古いモデルで、現在進んでいる監視社会は「民」が主体になっている。つまりはグーグルによる管理システムの実現である。「国家による監視」「権力による国民の管理」といったオーソドックスな監視社会イメージとはほど遠い社会が今、世界に生まれつつあるのだ。

ライアン教授は二〇〇一年に刊行した著書『監視社会』（河村一郎訳、青土社）でこう書いている。

〈今日、監視は、日常生活の多くの領域で作動しているので、仮にそう望んだとしても、それを避けることはできない。私たちはまさしくメディアに包み込まれている。社会的な出会いの大部分、経済的なやりとりの事実上すべてが、電子的な記録・チェック・認証の下にある。（中略）日常生活へのこうした集中的注視の背後には、いかなる単一の作為主体も存在しない。問題は、近代型の集権化されたパノプティコン的管理ではなく、個人データをかなり自由に流通させる多中心的な監視ネットワークなのである。大抵の国では、政府システム内の流れ《フロー》は慎重に方向を定められている。公正な情報の原則がある程度は実践されているわけである。対照的に、多くの商業データは、あまり抑制を受けずに流通する。雑多な情報源から得られた個人データが、データベース・マーケティングの膨大な貯蔵庫内で収集・売却・転売される。こうした多中心的な監視フローは、しばしば情報社会やポストモダニティーの象徴と見做される金融資本のフローやマスメディアの信号と同じ程度に、いわゆるネットワーク社会の構成部分なのである〉

つまりグーグル型の監視システムは、社会のインフラとなってきている——ライアン教授はそう説いているのだ。もちろんこの本が書かれた当時は、グーグルは設立されていたものの、そうした権力を持つには至っていない。だがライアン教授の指摘は、あらゆる点で司祭グーグルがコントロールする社会の出現を的確に予測していたように見える。

「環境管理型権力」

他にもある。

批評家の東浩紀氏は、京都大学大学院人間・環境学研究科助教授の大澤真幸氏との対談本『自由を考える　9・11以降の現代思想』（NHKブックス）の中で、こう語っている。

〈大澤さんがおっしゃる「第三者の審級」の力がだらだらと弱くなるなか、にもかかわらずこの複雑な産業社会を何とか維持しなければならないという逆説的な要請に応えるために、秩序維持の方法が台頭してきた。それがセキュリティの発想であり、情報管理の発想だと思うんです。

僕はこれを、ミシェル・フーコーやジル・ドゥルーズの仕事を参照して、「環境管理型権力」と呼んでいます。対照的に、大きな物語の共有に基礎を置く従来のタイプの権力は、「規律訓練型権力」と呼んでいます。環境管理型権力は人の行動を物理的に制限する権力ですが、規律訓練型権力はひとりひとりの内面に規範＝規律を植えつける権力です。言い換えれば、環境管理型権力は多様な価値観の共存を認めているが、規律訓練型権力は価値観の共有を基礎原理にしている〉

大澤助教授の「第三者の審級」というのは難解な用語だが、ごくわかりやすく説明してしまえば、規範や超越したもののことを指している。東氏は同じような意味で、上記の発言の中で「大きな物語」という言葉も使っている。

これまでの権力は、みんなが価値観を共有している規範を中心として「これはしてはいけない」「これをしなさい」と命令をする権力だった。しかし現在の権力は、人々が知らず知らずのうちに行動を限定されたり、特定の行動に向かわされるようなプログラムや機械的なルールによって管理されているというのである。

実のところ、「グーグル八分」というのも、ある種の環境管理型権力の発露と見ることができる。グーグルは決して、

「ホームページはきちんと運営しましょう」

といった道徳は口にしない。しかし、

「グーグルの検索結果の存在を認めさせない」

というプログラム的な恐怖の縛りによって、ホームページ運営者たちの上に君臨しているのである。

制約を生む権力システム

グーグルのコントロールはどこまでも、計算式（アルゴリズム）によって行われている。グーグルの共同創設者二人はそのようにグーグルのシステムを設計してきたし、

「アルゴリズムこそは人を裏切らず、公平で公正なシステムを社会に提供する」

という理念を打ち出してきたのだ。もっともその理念は前にも書いたように、中国政府やアメリカ政府によってねじ曲げられつつある部分もあるのだが。

もし今後、すべての記事や書籍、テレビ番組、映画、ラジオ番組がグーグルによってデータベース化され、さらには個人の行動や購買履歴、出生、学歴などありとあらゆる個人情報が同じようにグーグルのデータベースに蓄積されるようになっていけば、このデータベースから排除されることは、社会から抹殺されるのと等しくなる。

スタンフォード大のローレンス・レッシグ教授は、人々の行動を規制するものとして、「法」「市場」「社会の規範」「アーキテクチャー（構造）」という四つの制約を挙げている。彼は著書『CODE　インターネットの合法・違法・プライバシー』（山形浩生・柏木亮二訳、翔泳社）でタバコを例にこの四つの制約をうまく説明している。かいつまんで紹介すれば、次のような内容だ。

まずタバコには、「未成年が吸ってはいけない」「指定された公共の場所では吸ってはならない」という法による制約がある。しかしアメリカ人はこうした法の制約よりも、「他人の車に乗っているときはタバコは吸うべきではない」「食事中はタバコを吸ってはならない」といった規範による制約を受けることの方が多い。またタバコには、値段という市場の制約もある。値段が上がれば吸えなくなる人が出てくるし、逆に種類を増やすなどして選択肢を増やせば、制約は減る。そして最後に、タバコのテクノロジーによる制約がある。ニコチンの多いタバコは中毒性が強いから制約が大きくなるし、においのきついタバコは吸える場所が限られているから制約が大きい。逆に無煙タバコは吸える場所が多いので、制約が減る。タバコの作られかたや設計など、つまりアーキテクチャーが制約を大きく変えることになる。

レッシグ教授は他にもいくつかの例を挙げている。たとえばカーステレオの盗難問題では、カーステレオが盗まれないようにするための方策として、法を厳しくするという方法がある。カーステレオ盗難は終身刑、ということにすれば泥棒は減るかもしれない。しかしそこまで極端なことをしなくとも、アーキテクチャーを変更することで盗難を防止することも可能だ。特定のカーステレオは特定の車でしか使えなくするようなセキュリティを施せば、盗む意味がなくなって泥棒は減る可能性がある。

つまり法や市場原理、モラルといった伝統的な制約だけでなく、ソフトウェアやシステムなどのアーキテクチャーによっても人々の行動を制約し、規制することは可能なのである。

そしてグーグルという司祭の権力は、まさしくアーキテクチャーによって成り立っている権力システム以外のなにものでもない。

フィリップ・K・ディックというアメリカ人作家は一九六九年、『ユービック』というSF小説を書いた。超能力者と反超能力者の戦いを、サスペンスフルに描いた傑作としてSF史に残っている。

小説のタイトルのユービックは、ユビキタスをもじってつけられている。先にも書いたが、ユビキタスという言葉は、もともとは「神の遍在」という意味の宗教用語だ。全知全能の神がすべてを監視し、人間の行動を手のひらのうえで転がすというわけだ。

未来の姿は「神の遍在」

小説『ユービック』は、この遍在する神のイメージを具現した悪夢のような小説だった。超能力者のパワーを無力化する「不活性者」と呼ばれる人たちが、宇宙船の爆発をきっかけに時間退行現象を起こした世界の中に引きずり込まれ、あらゆるモノや人がどんどん古くなっていく。それを矯正する唯一の特効薬は「ユービック」という名前のスプレー缶のみ。そして爆発で死んだはずのボスから、メッセージがさまざまな場所に届く。スーパーで偶然商品を手に取れば、そのラベルにボスのメッセージが書かれ、店で釣り銭を受け取ると、その硬貨にはボスの肖像が現れる。やがて死んだのはボスなのか、それとも本当は自分たちが死んで冥界を漂っているだけなのか、主人公の生のリアリティはどんどんわけがわからなくなっていく。

ありとあらゆる場所に届くボスからのメッセージは神の遍在を思い起こさせ、そして見えない力にからめとられていく主人公の姿は、「監視するユビキタス」をシンボリックに描いているのだ。

世界のすみずみまで入り込み、すべてを見通している神の姿——。

それはグーグルの未来の姿、そのものかもしれない。

グーグルこそが、「神の遍在」なのである。それがわれわれにとって薔薇色の夢となるのか、それとも暗黒の悪夢となるのかは、まだだれにもわからない。

あとがき

グーグルは、強力な広告ビジネスを背景に、古い世界の秩序を壊し、伝統的な企業のビジネスを破壊しようとしている。

グーグルは、ロングテールによって中小企業を再生させ、新たな市場を創出しようとしている。

グーグルは、人々の情報発信を手助けし、企業や政府などの強大な権力と同じ土俵に上がらせようとしている。

しかしその一方で、グーグルはそれら新しい秩序の中で、すべてをつかさどる強大な「司祭」になろうとしている。それは新たな権力の登場であり、グーグルにすべての人々はひれ伏さなければならなくなるかもしれない。

――私がこの本で描こうとしたのは、そういうことだ。

もちろん、グーグルは巨大化したとはいえ、単なる一私企業でしかない。過去に多くのアメリカ企業がそうであったように、いつ他の企業に買収されるかわからない。あるいは破綻することだって、可能性としてはゼロではないだろう。

しかしそれは重要な問題ではない。なぜならこの本で私が描こうとしたのは、インターネットの進化そのものであるからだ。プレーヤーは別にグーグルである必要はなく、マイクロソフトでもヤフーでも構わない。グーグルが退場する日が来れば、おそらく他の企業がグーグルの座を奪い、すぐさま第二代司祭として君臨することになるだろう。

この本は二〇〇六年一月半ばから書き始め、ライブドアの強制捜査をはさんで二月初旬に脱稿した。テレビや新聞ではコメンテーターたちが「ライブドアはIT企業ではなかった」「企業としての実体はなかった」と勝手なことを言い散らし、あいかわらずインターネットの世界への無理解を晒《さら》している。

しかしそうやって古い日本社会が新自由主義的な枠組みそのものを否定し、新たなイノベーションを無視している間にも、インターネットの世界は恐ろしいほどの勢いで進化し続けている。知らず知らずのうちに、グーグル的な権力は世界を覆いつつある。その認識を、われわれはきちんと持たなければならない。

二〇〇六年二月七日　軽井沢「星のや」の雪の庭で

佐々木　俊尚

参考文献および関連 URL 一覧

『グーグルニュース』http://news.google.com/
"Automated News The new Google News site, news untouched by human hands" by Jack Shafer
http://www.slate.com/id/2071499/
『NIKKEI NET へのリンクについて』
http://www.nikkei.co.jp/help/link.html
『「読売新聞、足を撃つ？」ネットは新聞を殺すのか blog』(湯川鶴章)
http://kusanone.exblog.jp/1036778/
『ライントピックス』http://linetopics.d-a.co.jp/
"Google News Creator at the World Editors Forum" World Association of Newspapers
http://www.wan-press.org/article6771.html
"Google in San Francisco: 'Wireless overlord'?"
CNET NEWS.COM http://news.com.com/2100-1039_3-5886968.html
"Google Base" http://base.google.com/
"IDC Predicts That Moderate Spending Growth Will Push IT Vendors Toward Disruptive Business Models"
IDC Press Release http://www.idc.com/getdoc.jsp?containerId=prUS20019205
B & B 羽田空港近隣パーキングサービス
http://www.bb-park.com/
『テレビは今、何をすべきか』第一回　民放の根幹を揺るがす、ある"深刻な"事態(1)〜テレビ CM の限界が見え始めた』
http://nikkeibp.jp/style/biz/topic/tv_to_do/060113_1st/
『ザ・サーチ　グーグルが世界を変えた』(ジョン・バッテル著、中谷和男訳、日経 BP 社)
『ネット世界で利益を稼ぐ「ロングテール現象」とは何か』(シリコンバレーからの手紙 103、梅田望夫)
http://book.shinchosha.co.jp/foresight/web_kikaku/u103.html
三和メッキ工業　http://www.sanwa-p.co.jp/

"ANTI-Portfolio" Bessemer Venture Partners
http://www.bvp.com/port/anti.asp
『新ネットワーク思考――世界のしくみを読み解く』(アルバート＝ラズロ・バラバシ、青木薫訳　NHK出版)
『アテンション！　経営とビジネスのあたらしい視点』(トーマス・H・ダベンポート／ジョン・C・ベック、高梨智弘／岡田依里訳　シュプリンガー・フェアラーク東京)
『展望2006：アテンション・エコノミーの本格化』(江島健太郎)
CNET Japan　http://japan.cnet.com/news/biz/story/0,2000050156,20093729,00.htm
『グーグル村上社長「2009年には"人類の知"がすべて検索可能に」』
INTERNET Watch　http://internet.watch.impress.co.jp/cda/event/2006/01/31/10701.html
"Google ETA? 300 years to index the world's info" by Elinor Mils
CNET NEWS. COM　http://news.com.com/2100-1024_3-5891779.html
『ベンチャー企業の代表者が解くWeb2.0と経営の本質』(別井貴志)
CNET Japan　http://japan.cnet.com/column/nils2005a/story/0,2000054958,20092387,00.htm
『100万画像を蓄積した「記憶する住宅」の美崎薫の【未来生活】』
http://hw001.gate01.com/misaki-kaoru/
『悪徳商法マニアックス』
http://www6.big.or.jp/~beyond/akutoku/index.html
『Google AdSense顛末記』(服部弘一郎)
新佃島・映画ジャーナル
http://hattori.cocolog-nifty.com/brog/2005/05/google_adsense_1626.html
"Google. cn: Not too late for corporate leadership"
Human Rights in China (HRIC)　http://ir2008.org/article.php?sid=135

"Google Is the media"　BUSINESS 2.0
http://money.cnn.com/2006/01/24/technology/dumbest_googlemedia/index.htm
"Google Is God"　BUSINESS 2.0
http://money.cnn.com/2006/01/24/technology/dumbest_googlegod/index.htm
『監視社会』（デイヴィッド・ライアン、河村一郎訳　青土社）
『自由を考える　9・11以降の現代思想』（東浩紀／大澤真幸　NHKブックス）
『CODE　インターネットの合法・違法・プライバシー』（ローレンス・レッシグ、山形浩生／柏木亮二訳　翔泳社）
『ユービック』（フィリップ・K・ディック、浅倉久志訳　ハヤカワ文庫）

佐々木俊尚（ささき　としなお）
1961年、兵庫県生まれ。早稲田大学政経学部中退。1988年、毎日新聞社に入社し、東京本社社会部で警視庁の捜査一課担当となり、殺人やテロ事件の報道に携わる。1999年、アスキーに移り、『月刊アスキー』編集部勤務の後、退社。フリージャーナリストとして主にIT企業関連の取材を精力的に続けている。著書は『ヒルズな人たち』（小学館）『ライブドア資本論』（日本評論社）。共著に『検索エンジン戦争』（アスペクト）がある。sasaki@pressa.jp

文春新書

501

グーグル Google
——既存のビジネスを破壊する

2006年（平成18年）4月20日　第1刷発行
2006年（平成18年）5月15日　第5刷発行

著　者　佐々木俊尚
発行者　細井秀雄
発行所　株式会社 文藝春秋

〒102-8008　東京都千代田区紀尾井町3-23
電話（03）3265-1211（代表）

印刷所　理想社
付物印刷　大日本印刷
製本所　大口製本

定価はカバーに表示してあります。
万一、落丁・乱丁の場合は小社製作部宛お送り下さい。
送料小社負担でお取替え致します。

ISBN4-16-660501-1

◆コンピュータと情報

電脳社会の日本語　加藤弘一
パソコン徹底指南　林　望
インターネット犯罪　河﨑貴一
コンピュータを「着る」時代　板生　清
ケータイのなかの欲望　松葉　仁
エシュロンと情報戦争　鍛冶俊樹
定年後をパソコンと暮らす　加藤　仁
プライバシー・クライシス　斎藤貴男
西暦2000年問題の現場から　濱田亜津子
暗号と情報社会　辻井重男
「社会調査」のウソ　谷岡一郎
新聞があぶない　本郷美則
困ったときの情報整理　東谷　暁
隠すマスコミ、騙されるマスコミ　小林雅一
スクープ　大塚将司
テレビのからくり　小田桐　誠

◆サイエンス

日本の宇宙開発　中野不二男
日中宇宙戦争　中野不二男・五代富文
ES細胞　大朏博善
遺伝子組換え食品　川口啓明・菊地昌子
DNAの時代 期待と不安　大石道夫
人間は遺伝か環境か? 遺伝的プログラム論　日髙敏隆
生命《いのち》科学に言葉はあるか　最相葉月
〝放射能〟は怖いのか　佐藤満彦
ロボット21世紀　瀬名秀明
「原発」革命　古川和男
ナノテクノロジーの「夢」と「いま」　森谷正規
ネアンデルタールと現代人　河合信和
ヒトはなぜ、夢を見るのか　北浜邦夫
海洋危険生物　小林照幸
蝶を育てるアリ　矢島　稔
アフリカで象と暮らす　中村千秋
もう牛を食べても安心か　福岡伸一
ファースト・コンタクト　金子隆一
科学鑑定　石山昱夫
肖像画の中の科学者　小山慶太
天文学者の虫眼鏡　池内　了
法医解剖　勾坂　馨
私のエネルギー論　池内　了
ヒト型脳とハト型脳　渡辺　茂
花の男 シーボルト　大場秀章
「時」の国際バトル　織田一朗

◆経済と企業

マネー敗戦　吉川元忠
対米黒字が日本経済を殺す
黒字亡国　三國陽夫
ヘッジファンド　浜田和幸
金融再編　加野　忠
金融行政の敗因　西村吉正
金融工学、こんなに面白い　野口悠紀雄
投資信託を買う前に　伊藤雄一郎
年金術　伊藤雄一郎
知的財産会計　岸　宣仁 二村隆章
サムライカード、世界へ　湯谷昇羊
日本国債は危なくない　久保田博幸
「証券化」がよく分かる　井出保夫
デフレに克つ給料・人事　蒔田照幸
人生と投資のパズル　角田康夫
企業危機管理　実戦論　田中辰巳
企業再生とM&Aのすべて　藤原総一郎
執行役員　吉田春樹
自動車　合従連衡の世界　佐藤正明
企業合併　箭内　昇
日本企業モラルハザード史　有森　隆
本田宗一郎と「昭和の男」たち　片山　修
西洋の着想　東洋の着想　今北純一
日米中三国史　星野芳郎
インド　IT革命の驚異　榊原英資
ハリウッド・ビジネス　ミドリ・モール
中国経済　真の実力　森谷正規
「俺様国家」中国の大経済　山本一郎
中国ビジネスと情報のわな　渡辺浩平

＊

21世紀維新　大前研一
ネットバブル　有森　隆
インターネット取引は安全か　五味俊夫
IT革命の虚妄　森谷正規
石油神話　藤　和彦
文化の経済学　荒井一博
都市の魅力学　原田　泰
エコノミストは信用できるか　東谷　暁
情報エコノミー　吉川元忠
プロパテント・ウォーズ　上山明博
成果主義を超える　江波戸哲夫
悪徳商法　大山真人
コンサルタントの時代　鴨志田　晃
高度経済成長は復活できる　増田悦佐
デフレはなぜ怖いのか　原田　泰

◆社会と暮らし

- どこまで続くヌカルミぞ　俵 孝太郎
- 現代広告の読み方　佐野山寛太
- ウェルカム・人口減少社会　藤正 巖・古川俊之
- 流言とデマの社会学　廣井 脩
- 少年犯罪実名報道　髙山文彦編著
- 週刊誌風雲録　高橋呉郎
- 発明立国ニッポンの肖像　上山明博
- リサイクル幻想　武田邦彦
- スーツの神話　中野香織
- 五感生活術　山下柚実
- 石鹼安全信仰の幻　大矢 勝
- 慰謝料法廷　大堀昭二
- 交通事故紛争　加茂隆康
- マンションは大丈夫か　小菊豊久
- 定年前リフォーム　溝口千恵子・三宅玲子
- 「老いじたく」成年後見制度と遺言　中山二基子

- ペットと日本人　宇都宮直子
- ヒトはなぜペットを食べないか　山内 昶
- 動物病院119番　兵藤哲夫・柿川鮎子
- 竹紙を漉く　水上 勉
- 東京バスの旅　中島るみ子・畑中三応子
- おススメ博物館　小泉成史
- 日本全国 見物できる古代遺跡100　文藝春秋編
- 囲碁心理の謎を解く　林 道義
- 雑草にも名前がある　草野双人
- 名前のおもしろ事典　野口 卓
- 煙草おもしろ意外史　日本嗜好品アカデミー編
- 山の社会学　菊地俊朗
- 北アルプス この百年　菊地俊朗
- 東京大地震は必ず起きる　片山恒雄
- 地震から生き延びることは愛　天野 彰
- ビルはなぜ建っているか なぜ壊れるか　望月 重
- はじめての部落問題　角岡伸彦

◆教える・育てる

- 幼児教育と脳　澤口俊之
- 非行を叱る　野代仁子
- 大人に役立つ算数　小宮山博仁
- 塾の力　小宮山博仁
- 予備校が教育を救う　丹羽健夫
- 不登校の解法　団 士郎
- 私たちも不登校だった　江川紹子
- 子どもをいじめるな　梶山寿子
- 子どもが壊れる家　草薙厚子
- 論争 教育とは何か　中曾根康弘・西部邁・松井孝典・松本健一
- 江戸の子育て　中江和恵
- 明治人の教養　竹田篤司

◆考えるヒント

◆文学・ことば

(2006.1) D

文春新書好評既刊

加藤弘一
電脳社会の日本語

「髙」が出ない。「冒瀆」は「冒涜」に。米国コンピュータ業界にとって、日中韓の漢字文化は非関税障壁以外の何物でもなかったのだ

094

五味俊夫
インターネット取引は安全か

企業と消費者を結ぶ電子の情報網、電子によるお金の決済——目に見えないその仕掛けと安全度を目に見えるように解き明かす一冊！

114

有森　隆
ネットバブル

インターネット関連業界にうごめく怪し気な「起業家」や無責任な官僚やアナリストたちのしたことを白日のもとにさらした警世の書

133

森谷正規
IT革命の虚妄

「IT社会」の甘い夢に首相以下、皆が酔っている。今こそ夢の陰にある厳しい現実を暴かなければならない。具体例に基いた鋭い警告

148

河﨑貴一
インターネット犯罪

毒物販売、個人中傷、ワイセツ犯罪、詐欺事件、国の機能をも脅かすハッカーやウイルスの恐怖。その実態を、対策とともに紹介する

161

文藝春秋刊